浙江出土铜镜

ZHEJIANGCHUTUTONGJING

修订本

王士伦 编著

王 牧 修订

文物出版社

北京·2006

Bronze Mirrors Excavated from Zhejiang

Revised Edition

by

Wang Shilun   Wang Mu

Cultural Relics Publishing House

Beijing · 2006

目　录

修订版序言

王　牧

　　浙江是我国古代汉、六朝和南宋时期的铜镜产地，其中会稽镜及湖州镜更是名闻遐迩，成为中国铜镜发展史上最重要的镜类之一。历史上浙江铜镜屡被收进考古著录，其中以原浙江省文物考古研究所所长王士伦研究员编著的《浙江出土铜镜选集》（中国古典出版社，1957 年）、《浙江出土铜镜》（文物出版社，1987 年）和日本著名考古学者梅原末治的《绍兴古镜聚英》（桑名文星堂，1939 年）为代表，均得到了国内外专业人士的重视。

　　但近 20 年过去了，浙江又新出土了不少有历史与艺术价值的铜镜，同时 1957 年与 1987 年出版的两本著录早已售罄。为满足社会需求及更全面地反映浙江出土铜镜内容，同时也为了纪念父亲王士伦在铜镜研究领域所付出的辛勤努力，遂有了重新修订《浙江出土铜镜》的想法。承蒙浙江省文物考古研究所所长曹锦炎先生的热心联络与牵线，文物出版社决定承办具体出版事宜。浙江省文物局、浙江省文物鉴定中心、浙江省博物馆、浙江省文物考古研究所也对此书的再版修订给予了重要的支持，使修订工作得以顺利进行。浙江省博物馆高玲女士承担了本书新增铜镜部分的拍摄和部分旧图照片的补拍工作。同时本书的修订还涉及省内多达 10 余家文博单位，麻烦过很多专家，在此恕不一一列出。多谢他们的帮助！

　　在本书的修订本编写中，我力图保持与忠实 1987 年版的《浙江出土铜镜》原有风格面貌，在此基础上，再经过挑选斟酌，增加了 50 余面近 20 年来浙江新出土铜镜，并据新出土资料，对原书著录的个别铜镜类型重新做了梳理和排列。力求能更准确地表现浙江出土铜镜的面貌。然而由于学识有限，贻误之处在所难免，祈请各位方家见谅指正。

　　回顾近一年的修订工作，就我个人而言，其意义在于使我对铜镜的认识开始从一般意义上的体会到有一定程度的感悟和研究，能接续先辈的成果而做更新的发现。以下是我在修订此书过程中的一点研究心得，以求教于各位前辈师长与专家。

　　（一）浙江古代墓葬形制对判断铜镜的年代十分重要
　　判断铜镜的年代，通常的方法是依据铜镜上的纪年铭文及出土铜镜的墓葬年代、伴出器物来分析，它为判断铜镜制作年代及流行时间提供了科学依据。神兽镜中不少有纪年铭文，故虽类型多，却能用考古类型学和统计学的方法梳理出演变的规律，从而把握其流行的时间。但画像镜中没有纪年，只能依赖于科学发掘，判断流行的相对年代。

而事实上，从严格意义上讲，相当数量的所谓出土铜镜来源很多，有些也许是从古墓葬中出土，但呈现于世时，已失去了科学判断的依据，比如公安部门收缴的盗掘文物，或者在土里、沟里零星发现而采集的铜镜等等，因此我们更应把关注的目光集中在这些经过科学发掘而来的铜镜上。基于此，要特别推荐本书新收录的三面画像镜，即宁波奉化和湖州安吉出土的神仙车马画像镜（彩版17、19）以及杭州余杭出土的贞夫画像镜（彩版11），它们均出自东汉的砖椁墓中。

从浙江地区的砖椁墓流行消亡时间看，时代最早可推到王莽时期，甚至在西汉晚期已出现了砖椁墓的初始形态，最晚至东汉中期偏早，存在的时间虽短，但脉络清晰；之后砖椁墓即被券顶砖室墓取代。从目前已有的考古资料看，浙江最早的有确切纪年的券顶砖室墓为东汉章帝"建初六年（81 年）"①。可藉此做这样的初步判断：画像镜至少在东汉初或更早已开始出现甚至流行了。

在本书原序中的《会稽铜镜》一节中，曾论及根据浙江墓葬出土的有关画像镜的资料分析，占大宗的"车马神仙镜流行始于东汉早中期"。本书新收录的两面宁波奉化及湖州安吉出土的神仙车马画像镜均出土于砖椁墓中，更证实了此判断是正确的。此外，画像镜中的另一重要类型，即故事类画像镜也可据此基本判断为东汉早期的产品。

以往对铜镜的年代分期，大多把注意力投向与其同墓伴出的器物，事实上，本地这种有相对明确时段性的墓葬形制，也为判断铜镜的制作流行年代，提供了可靠的依据。铜镜时代性较强，它的纹饰（包括铭文），每个时代乃至每一时段都有较鲜明的特征。结合墓葬的情况，我们不仅能对铜镜本身做出科学的分期，也能对墓葬的年代判断提供有用信息。这也是今后在铜镜研究中需特别关注与重视的。

（二）关于画像镜和神兽镜中虎与辟邪的定名确认问题

在汉、六朝时期的博局镜、禽兽带镜、画像镜、龙虎镜中，虎的形象多有出现。铭文中也常见有诸如"左龙右虎掌四方"、"仓龙白虎神而明"、"左龙右虎主四彭（旁）"、"青龙白虎居左右"、"青龙居左白虎居右"、"左龙右虎辟不祥"、"朱氏明竟快人意，上有龙虎四时宜"等等。在鬼气弥漫的汉代，虎作为现实生活中最具威慑力的

---

① 浙江省文物考古研究所编：《上虞驮山古墓葬发掘》、《上虞羊山古墓群发掘》，《沪杭甬高速公路考古报告》，文物出版社，2002 年。浙江省文物考古研究所、上虞县文物管理所：《浙江上虞凤凰山古墓葬发掘报告》，《浙江省文物考古研究所学刊》第二辑，科学出版社，1993 年。

动物，被看作是驱邪食鬼的猛兽。《后汉书》有"画虎于门，当食鬼也"。正因为虎在人们心目中有此特殊地位，故来自于西方的猛兽狮子在进入中土后，便依托于本土的虎，产生辟邪。在汉代，此种与虎形象接近且带着双翼的神兽，迅速成为与虎平分秋色的除凶辟邪的祥瑞。

在铜镜铭文中也有相当数量涉及辟邪的，比如"至氏作镜真大巧，上有山（仙）人子乔、赤诵子，□□辟邪，左有青龙，喜怒无央（殃）咎，千秋万岁青长久"，"袁氏作竟真（缺字），上有东王父、西王母，山（仙）侨侍，左右辟邪，喜怒毋央（殃）咎，长保二亲生久"，"吕氏作镜世少有，东王公、西王母，仙人子乔、赤诵子，车马辟邪在左右，为吏高升贾万倍"，"距虚辟邪除群凶"，"白虎辟邪不知老"等等（见本书原序中《历代镜铭选录》）。龙、虎、辟邪几乎占了汉代铜镜铭文中涉及瑞兽内容的全部。据此，我们可认为在汉、六朝铜镜中，有些神兽应称其为辟邪更为恰当。

比如在各类神兽镜中，常会有一种头部表现特别夸张、形象亦虎亦狮的神兽，有些还刻羽翼，尽管较之于虎纹，它的特征还不够鲜明，但它却有别于上述四类镜中的虎纹。以往的一些铜镜著录，有笼统称其为神兽的。根据铜镜铭文，可认作它们为辟邪。另从时代与地域上而言，这种带翼神兽在六朝的越窑青瓷中也时常出现，如狮形烛台，它通常出土于两晋墓中①。大量神道上的辟邪也是出现于汉、六朝时，包括大部分的有关辟邪的文物，也常见于这一时段。综合这些因素，可认为出现于汉末六朝神兽镜中的狮形虎纹形象应是辟邪。

然而在有些镜像中，虎、辟邪和狮的形象并没有明显区别，相互间难以辨别。有些可区分，然已约定俗成，人们在习惯思维上更易接纳虎的形象。加之在汉代流行神兽带翼，比如本书新收的神人神兽画像镜中的带翼虎（彩版26），更增加了辨别确认的复杂性。本来辟邪就是结合西方的狮子，并借助于中国的虎而想像产生的一种瑞兽。故在当时的诸类作品中，三者形象互相影响，甚至龙纹也不例外。如本书图版20虽明确命名为"辟邪"，但从外观而言，与龙也非常近似。又如本书图版89的龙虎镜铭文中有"辟邪配天禄"句，本来此镜式中龙虎的形象应没有异议，但或许工匠的确是想表现辟邪与天禄而非龙虎。当然镜像与铜镜铭文并不能完全对应，铭文更多地是反映当时的社会意识形态和风尚，但捕捉此铭文透露的信息，倒可说明当时辟邪与天禄是以配对的形式出现的。另外铜镜首先为日用品，生产批量大，其艺术性及表现手法与神道上的石刻辟邪不能相提并论。加之工匠在概念及具体操作上会带有一定的随意性和模糊性。

因为有上述的这些复杂性，故在判断它们时或许也需忽略一下具体镜像，纯粹从理论的角度上考虑。如东汉中晚期非常流行的龙虎镜，通常是不会把它们认作是龙与辟邪

---

① 浙江省博物馆编：《浙江纪年瓷》，文物出版社，2000年。

的。龙虎的组合在很早时就有，但东汉龙虎镜大量流行，恐与当时阴阳五行的流行与道教兴起有一定关系。如在道教炼丹术中，龙虎有其特定含义。道教的炼丹分内丹与外丹，内丹讲求自身修炼，通过练功来强化体内精气；外丹则利用金属或矿物质为原料炼丹，两者都以达到长生不老为目的。道教的内丹功夫，以龙属木，木生火，同心神之火，乃以龙为火。虎属金，金生水，同身肾之水，乃以虎为水。所谓水火为龙虎，《性命主旨》有"龙从火里生，虎向水里生，龙虎相亲，坎离交济"。故龙虎镜中的组合是有特定含义的。

再如汉代镜像中的四神组合，即青龙、白虎、朱雀、玄武，这种战国时就已出现的组合也是中国本土文化所固有的。故确认镜像中的虎与辟邪，需综合各种因素来判断，直观的资料有时也并不完全说明问题。

（三）关于神兽镜的流行时间

就出土情况而言，浙江的神兽镜有很大部分出自六朝墓中，如本书新收录的两面神兽镜，即奉化与嵊州两地三国吴墓出土的环乳状神兽镜（彩版 33；图版 45）。从神兽镜的铭文与出土情况分析，从东汉中晚期始，已在本地大量出现并流行，且逐渐取代了画像镜的位置，似有此长彼消之势。关于这一点需继续留意本地的墓葬出土情况。

神兽镜的种类大致可分为环状乳神兽镜、重列神兽镜、对置式神兽镜和同向式、环列式等几种类型。笼统地说，这几类神兽镜的流行时间从东汉到六朝，如要细分更为准确的时段，除以墓葬的年代为依据外，更多地依赖于铭文中的纪年。因神兽镜中的纪年镜特别多，尤其是重列式和对置式两类。

从目前出版的图录看，重列神兽镜最早的纪年镜，以建安元年（196 年）[1] 镜为最早，但也有专家提出异议，认为"元"可能为"六"之误[2]，此外尚有东汉年间的建安六年（201 年）、七年（202 年）、八年（203 年）、十年（205 年）、十九年（214年）、廿一年（216 年）、廿二年（217 年）、廿四年（219 年）；三国吴黄武四年（225年）、六年（226 年），黄初二年（223 年），黄龙元年（229 年）、二年（230 年），嘉禾二年（233 年），赤乌五年（242 年）等[3]。神兽的排列形式有三段与五段之分，其中以五段的为主。五段式神兽镜以建安年间纪年铭最多，此式的图像排列神人占主导地

---

①　梅原末治：《汉三国六朝纪年镜图说》，桑名文星堂，1943 年。

②　王仲殊：《建安纪年铭神兽镜综论》，《中日两国考古学·古代史论文集》，科学出版社，2005 年。

③　湖北省博物馆：《鄂城汉三国六朝铜镜》，文物出版社，1986 年。鄂州市博物馆：《鄂州铜镜》，中国文学出版社，2002 年。广西壮族自治区博物馆：《广西铜镜》，文物出版社，2004 年。王士伦：《浙江出土铜镜》，文物出版社，1987 年。王仲殊：《建安纪年铭神兽镜综论》，《中日两国考古学·古代史论文集》，科学出版社，2005 年。

位，布局整齐明朗，镜纽上下往往有"君宜高官"、"君宜"、"高官"、"长吏"、"大吉祥"等诸如此类的篆书铭文。此种样式很有特点，形成了颇具特色的所谓"建安式"（图版59）。三段式的见本书彩版41。从现有资料看，至建安廿二年（217年）始，五段式的重列神兽镜又出现了变化，首先直行的铭文大多没有了，排列方式也从较疏朗的以神人为主导的，向排列细密紧凑，以神人与神兽为组合，且以界栏式的分隔风格的五段式发展（彩版46、47）。此式镜在三国吴早、晚期墓葬中均有发现，以目前出土资料而言，以西晋天纪元年（277年）纪年铭最晚①。重列神兽镜的发展序列及演变的规律线索明晰，从它的出土地域来看，大多也在东汉的会稽郡、吴郡及江夏郡的武昌，即在东汉末、三国时期吴的所辖范围内，故可基本明确是吴镜。

对置式神兽镜流行的时间也较长，从东汉建安年间开始，有建安五年（200年）、建安二十一年（216年）、建安二十四年（219年），但从目前的纪年铭来看，尚有三国黄武、黄龙、嘉禾、赤乌、太平、永安等年号，几乎涵盖了三国孙吴的所有年号。故可据此认为它主要流行于三国吴时期。当然西晋年间也有，有西晋太康二年（280年）铭②。

从目前所掌握的材料看，单列同向式的神兽镜出现，以东汉熹平年间为最早③。本书新收录一面东汉建安四年镜（图版65），为2004年龙游东汉砖室墓出土。三国吴时期也有，样式有半圆方枚外缘部一圈铭文，有黄初二年（221年）、黄武年④。此式镜本书新收录有绍兴县出土的（图版68），可能是属于东汉至三国吴这一时间段。鄂城出土的此式镜有相当一部分为三国吴晚期墓中出土⑤。还有一种单列环绕式神兽镜，数量较少，本书有东汉建安二十年（215年）铭，也有三国吴太平元年（256年）铭⑥。

神兽镜还有一种类型即环状乳神兽镜，出土量也很大，从现有的资料看，最早在东汉永康元年（168年）⑦，在《鄂城汉三国六朝铜镜》中还有熹平七年（178年）、本书图版43有东汉中平四年（187年）。此式神兽镜从铭文书体、纽及整体风格而言，主要流行的时间应在东汉中后期，但晚至南齐建武五年（498年）还有⑧，说明它存在的时间相当长。以神兽的排列方式细分样式，主要有绕纽环列式、同向式及对置式排列。此几种形式本书均有收录（彩版30、31、38）。

---

① 梅原末治：《汉三国六朝纪年镜图说》，桑名文星堂，1943年。

② 辛冠洁：《陈介祺藏镜》，文物出版社，2003年。

③ 同①。

④ 鄂州市博物馆：《鄂州铜镜》，中国文学出版社，2002年。

⑤ 同④。

⑥ 同②。

⑦ 同①。

⑧ 同①。

神兽镜类型多，仅本地出土的环状乳一类，纹饰的组合排列就有多种形式，它们的关系又是如何？多关注出土的相关资料是解决这些疑问的途径，也是期待对各类神兽镜之间的发展关系及早晚分期做更明晰梳理的科学方法。

（四）关于故事类画像镜的流行时间及产地问题

在浙江出土铜镜中，故事类画像镜是一种类型，除本书先前已收录的历史故事类的吴王、伍子胥画像镜外，还新收录了一面 2004 年在浙江杭州余杭区星桥镇蜡烛庵东汉砖椁墓中出土的故事类画像镜（彩版 11）。该镜反映的故事是汉代民间流传的韩朋与贞夫的爱情故事，属民间传说类故事镜。反映了汉代倡导的儒家"忠孝节义"思想及道德准则，这点在吴王、伍子胥画像镜中也有反映，它表现的则是有关"忠、义"的主题。可见故事类画像镜意识形态的主题是相当明确与突出的。

同时还可从该镜的铭文中引出另外一些话题。该镜铭为"周是作镜四夷服，多贺国家人民息，胡虏殄灭天下复，风雨时节五谷熟，长保二亲得天力，传告天下乐无极兮"。在本书彩版 12 中，有东汉神仙车马画像镜，周铭："吴向阳周是作镜四夷服，多贺国家人民息，胡虏殄灭天下复，风雨时节五谷孰（熟），长保二亲得天力，传告后世乐无极。"周是系周氏，"是"与"氏"古字通。对照余杭所出的贞夫画像镜中铭文字体，与《浙江出土铜镜》中的那面"吴向阳周是"铭文字体十分相近，估计这两面镜很可能是出自同一作坊。又书中图版 26，吴王、伍子胥画像镜，镜铭为"吴向里柏氏作镜四夷服，多贺国家人民（息），胡虏殄灭天下复，风雨时节五谷熟，长保二亲得天力，传告后世乐无极兮。"两故事类画像镜铭除工匠姓氏不同，其余几乎一样。这未必是一种巧合，为什么有这种铭辞的镜子基本都带有工匠姓氏呢？这是否也可作为一个有地域特点和流行于东汉某一时期的作坊所出铜镜的依据呢？

当然也可认作是当时的一种流行铭辞。事实上也可能如此，如《浙江出土铜镜》一书中共有东汉至三国的 7 面画像镜，与 5 面龙虎镜用的是这样的铭辞，而这 12 面铜镜均出自某一工匠或作坊，姓氏涉及田氏、吕氏、青盖、驺氏（两面画像镜）、石氏（一面画像镜、一面龙虎镜）、吴向阳周氏、吴向里柏氏（一面画像镜、一面龙虎镜），有一面镜为□□作，显然也是出自某个工匠，而唯一的为尚方作，估计也是出自某一作坊而非真尚方镜。《鄂州铜镜》中有两面龙虎镜带有相仿铭辞，一面李氏、一面为尚方。《广西铜镜》有朱氏。在梅原末治《绍兴古镜聚英》一书中有 8 面相似镜铭的铜镜，均为画像镜，大部分为神人车马瑞兽镜，铭辞开头全为姓氏，有"吕氏、驺氏、田氏（两面）、周仲作、为氏、吴尚里柏氏、周氏作"。其中周仲作神人龙虎画像镜中铭文是这样的："周仲作镜四夷服，多贺国家人民息，胡虏殄灭天下复，风雨时节五谷熟，长保二亲得天力，传告后世乐无极，秦有善铜出丹阳，和以银锡清且明，巧工刻之诚文章。"在《中国铜镜图典》一书中有一面博局镜，上有铭文"王氏作镜四夷服，多贺新家民息，胡虏殄灭天下复，风雨时节五谷熟，长保二亲得天力，官位尊显蒙禄食，传告后世乐毋极，大利兮。"另《旅顺博物馆藏镜》及《陈介祺藏镜》中有三面（旅顺一面、陈介祺两面）也有相仿铭辞的博局镜，铭文工匠姓氏均为王氏，且铭中均有"新家"，此新字很有可能即指王莽时期。

就当时的社会大背景而言，胡汉民族矛盾一直突出，胡汉战争曾经是困扰两汉社会最大的社会矛盾。尤其王莽时期，汉与匈奴的关系一度很紧张。打败胡人，成了天下太平的象征。故镜铭中大量出现这种辞铭，符合了当时民众渴望安定富足的生活心理。关于这点在原序中也已谈及。

但统计一下，这种铭辞相仿，且大都带有工匠姓氏的镜铭基本出现在画像镜中，博局镜、龙虎镜中也有，而这几种镜类在浙江出土特多，画像镜、龙虎镜可说是东汉至三国吴会稽郡、吴郡的特产，博局镜虽不是本地特有，但出土数量也十分可观。显然，这是当地流行的一种辞铭。

从时段看，因余杭的韩朋贞夫故事画像镜为东汉的早期制作，同时上述讲到的几面有相似铭辞的博局镜中均出现了"新"字，据此也可认为是新莽时期制作。种种信息都透露了此种镜铭的流行时段。由此可做这样的初步判断，即画像镜中的故事镜最早应产生在东汉初年，甚至可早到王莽时期。

目前判断铜镜的产地，除出土地点外，铭文也是一个重要依据。从出土数量而言，浙江山阴（今绍兴）、湖北鄂城（武昌）无疑是东汉至三国时期铜镜的主要产地，但遗憾的是，到目前为止，这两地均未发现铸镜遗址，因此铭文就成了判断铜镜产地的重要依据与途径。从已著录的东汉至三国时期的铜镜铭文看，吴县（今江苏苏州）也是当时的铸镜中心，为此已有专家做过相关考证与论述，同时也认为铭文中涉及地名"吴向里"、工匠名"柏氏、周是"的铜镜均产自钱塘江北岸的浙江北部的吴县[①]。在本书的原序中也有论及。

本书介绍的这面贞夫镜，明确出土于杭州余杭即浙江北部的砖椁墓中。余杭在秦汉时的行政建置上曾一度属于吴郡。秦始皇统一全国后，在地方推行郡县制度，全国分为三十六郡，以后又增至四十余郡，郡以下设县。江南一地设会稽郡，治所在吴县，余杭属会稽郡。楚汉之际，分会稽郡北部之地置吴郡，郡治在吴县。东汉顺帝永建四年（129年）阳羡令周嘉上书，分浙江以西为吴郡，以东为会稽郡，余杭属吴郡。直到三国东吴时，余杭属吴兴郡。故此面贞夫画像镜可作为东汉吴郡所产故事类画像镜的新依据。

---

① 王仲殊：《吴县、山阴和武昌——从铭文看三国时代吴的铜镜产地》，《中日两国考古学·古代史论文集》，科学出版社，2005年。

（五）关于线刻镜的问题

这次修订本中新增了黄岩寺灵石塔出的 7 面铜镜，即彩版 76～80 与图版 135、136，它们均出于灵石寺塔的西塔。灵石寺塔位于台州市黄岩区灵石山南麓。原有灵石寺，始建于东晋隆安二年（398 年）。塔始建于北宋乾德三年（965 年），咸平元年建成。原有两塔，立于大雄宝殿前东西两侧，东塔清初已毁，西塔于 1963 年被公布为省级文物保护单位。1987 年进行大修，在此过程中，进行了文物清理工作。当时西塔塔刹已毁（残高 21.1、层高 3、边长 2.42 米），为六面七级的砖结构塔。在塔的 16 个隔层的中空部位放置有佛像与供养品，包括各类材质的彩绘、贴金、素面的佛像、菩萨和供养人像共 148 尊①，其中的泥塑彩绘色彩艳丽、造型优美。

在该塔第五层上下隔层中的下层以及第四层南北隔层中的北层放置的铁函内，共藏有铜镜 15 面，其中 6 面线刻镜（直径均在 16.8～25 厘米）格外引人注目，均刻有确切纪年。本书收录的其中 5 面有线刻佛像的铜镜，镜面分别有释迦佛和弟子及四天王像。另一面线刻镜（直径 19.8 厘米），镜面无图像，只有线刻铭文"台州黄岩县备礼乡大兴里新界南保弟子王仁锱时大宋咸丰元年十一月四日记"。几面线刻镜保存完好，光亮如新。如此制作精良、规格非同一般的铜镜，应该是信徒专为供奉此塔而特制的。

灵石寺塔所出四大天王线刻镜的制作时间，根据铭文判断，应在北宋乾德四年（966 年）至咸平元年间（998 年）。线刻镜中天王的面相为胡人形象，且用的全为梵文译音，似较忠实于佛教经典。它或直接或间接地反映了当时民间工匠的佛教美术表现水平，同时也为我们了解宋代的四大天王形象，提供了可靠的信息依据。铜镜本身具有辟邪功能，而四大天王的职能即为护法，更突出了驱邪压胜的色彩。

在五代至宋的浙江地区，塔里发现这种供养性质的铜镜并非孤例，如北宋圆素线刻镜（图版 137），就出土于东阳县北宋南寺塔中。又如在杭州雷锋塔塔基中，也出土有铜镜，其中就有一面线刻镜（彩版 75）。线刻内容可分为上、下两部分：上半部主题是表现一女子在道士引领下，乘云升天，结合广寒宫、嫦娥、龙凤、仙鹤及佛教礼乐乐器，可以理解为这是在表现天宫美景、西方极乐世界；下半部图像与之呼应，从分列左右的队列来看，似在举行某种仪式，其中手持横杆的男仕官形象与河北曲阳王处直墓中壁画散乐图的乐队指挥极相似②。同样的题材在陕西彬县冯晖墓中也有发现③。与雷锋塔线刻镜题材相似的铜镜在湖南的宋墓中也有发现④。它们都是反映净土宗内容的。

---

① 台州地区文管会、黄岩市博物馆：《浙江黄岩灵石寺塔文物清理报告》，《东南文化》1991 年 5 期。

② 河北省文物研究所、保定市文物管理处、曲阳县文物管理所：《河北曲阳五代壁画墓发掘简报》，《文物》1996 年 9 期。

③ 杨忠敏、阎可行：《陕西彬县五代冯晖墓彩绘砖雕》，《文物》1994 年 11 期。

④ 高至喜：《湖南古代墓葬概况》，《文物》1960 年 3 期。

辽代的塔中也有线刻镜发现，且大多亦为佛教题材。如出土于庆州白塔的铜镜，直径28.3厘米，镜面线刻释迦牟尼像，有乾统五年（1105年）刻铭①。另香港梦蝶轩收藏一面典型的辽代铜镜，镜面线刻有水月观音②。辽宁省阜新县红帽子乡塔子山塔基里出土过一面线刻双龙镜③，此塔建于圣宗时期，镜产于圣宗之际。在黑龙江阿城白城遗址的金代墓葬中也曾出土过两面有观音图像的线刻铜镜④。辽代佛教很盛，佛塔遍及各地，当地时兴在佛塔外壁悬挂镜子，另契丹墓葬的墙上或天花也有挂贴镜子的习俗。这种现象在浙江的五代墓葬中也有发现，这点在本书的原序中第一部分已有论述。

需特别提及的是，在邻国日本，这种有佛教题材的，用线刻的形式表现的铜镜也有不少数量的发现，它们大多出现于平安时代（794～1192年）与镰仓时代（1192～1333年）初期。如与本书图版123"唐双鸾衔绶镜"同模的，日本鸟取县三朝町三德山三佛寺收藏的唐代鹦鹉镜⑤。据日本学者研究，此镜是唐代时中国铸造，于8世纪时由遣唐使带入日本。此镜镜面线刻有佛教密宗胎藏界曼陀罗诸佛像，并刻"长德三年（北宋至道三年，997年）"、"女弟子平山"字样。另今藏于日本京都清凉寺有一面线刻水月观音铜镜，系当年日僧奝然在北宋雍熙二年（985年）从台州带回日本的，在此镜的镜纽绢带上墨书有"台州女弟子朱□娘舍带子一条"⑥。

在朝鲜半岛，也留存有佛教题材的线刻铜镜，现大都收藏于韩国国立中央博物馆，其中一面心形湖州镜，镜背有"湖州真石家念二叔照子"字样，镜面线刻有水月观音镜像。另外在国立清州博物馆、春川博物馆、大邱博物馆也有收藏。

目前国内发现的线刻镜数量屈指可数，在邻国日本、朝鲜半岛也出土了一些同一类型的线刻镜。它们的共同特点是基本都与佛教有关。虽然这几处同属以汉文化为主体的文化圈中，但这里必定也涉及一个文化传播、交流的问题，这是一个值得深入探讨的课题。历史上，吴越国与辽、日本、朝鲜半岛通过海路航线，都曾有过密切的贸易往来和文化交流。

中国的佛教在唐代进入鼎盛期，而日本在与中国的文化交流中尤其注重佛教。据日本学者森克己考证，在文献上留下名字的遣唐使随行留学生26名，而留学僧却有92名⑦。当时中国的许多佛教宗派已传到日本，特别是浙江的天台宗，更是备受尊崇。即使是处于中日官方交往低潮时期的五代，吴越国与日本的民间贸易也十分频繁，当时到

---

① 张汉君、张晓东：《释迦舍利塔两次修葺概述》，《内蒙古文物考古》2000年2期。
② 《松漠风华·契丹艺术与文化》，香港中文大学文物馆，2004年。
③ 刘淑娟：《辽代铜镜研究》，沈阳出版社，1997年。
④ 同②。
⑤ 陈浩：《唐代鹦鹉衔绶"同模镜"刍议》，《东方博物馆》第十辑，浙江大学出版社。
⑥ 金申：《日僧奝然在台州模刻的旃檀佛像》，《佛教美术丛考》，科学出版社，2003年。
⑦ 毛昭晰：《遣唐使时代五岛列岛和明州的关系》，《浙东文化集刊·2005年卷》，上海古籍出版社，2005年。

日本的商船贸易均来自吴越国，也就是说五代时与日本发生贸易的仅有吴越国，只此一点就足以说明吴越国与日本的密切关系①。

五代、吴越和宋时，浙江与高丽的海上航运、商贸、佛教文化等交流也很频繁。浙江越窑青瓷对高丽青瓷的深远影响就是个例证。鉴于两地一直有较密切的交往，在宋徽宗政和七年（1117年），明州（今宁波）还特设高丽司，称来远局，造高丽使馆，专门接待高丽使臣。

综上所述，线刻镜基本出现于唐末，盛于五代、宋、辽、金时期。观察浙江的几面线刻镜，均出自塔中，尤其是黄岩灵石寺塔所出的有佛像题材的线刻镜，说明铜镜已从日用品、馈赠品及辟邪压胜之物既而发展成为宗教供品。在浙江较多地发现这类铜镜，首先是因为本地为铜镜制作发达之地，有这个先决条件，这就如同在灵石寺塔内藏有异常精美的越窑青瓷香薰一样，同时这时期恰值浙江佛教十分兴旺。浙江一带为吴越国属地，辖十三州一军，版图包括浙江全境，北到苏州，南到福州。由于统治者钱氏对内采取了"保境安民"之策，故境内经济繁荣，百姓富庶。北宋初年，赵氏虽统一中国，钱氏归宋，但原有辖地仍在钱氏的势力控制下，且社会安定，文化昌盛。钱氏历三代五王均崇信佛教，尤其是最末一代的钱弘俶，佞佛更甚于前代，"寺塔之建，倍于九国"。黄岩地处台州，也为佛教发达之地，著名的国清寺即在此地，而源出于此的天台宗在日本、高丽影响甚大，国清寺还被日本奉为天台宗祖庭。

就铜镜本身的工艺而言，线刻镜的出现，或许是受到了当时唐宋金银器的影响，在晚唐至北宋的越窑青瓷上流行阴刻细线划花纹饰，也可以说是一个具有时代特色的装饰工艺；另外也反映了宋代确实已注重铜镜制作上的方便与实用，浅线刻镜从工艺制作上而言应是较为简便的，可根据需要在素面镜上灵活刻绘。

（六）铜镜铭文释读及成色问题

最后，我还想就浙江出土铜镜的铭文释读及成色问题谈一点看法，做些梳理。在浙江的出土铜镜中，有相当数量带铭文的汉至六朝的画像镜、龙虎镜及神兽镜，这些铭文为我们了解铜镜的制作时间、作坊工匠、生产地域、社会意识形态及社会风尚等提供了重要的信息。但有部分铭文在识读时，根本无法辨认，造成这种情况大致有两类，一类是减笔造成的，原序中也讲到："汉六朝镜铭的特点是减笔。因为汉字笔画多，在泥模上刻印，往往难以下刀。翻砂需要先制模，用模压出泥范，然后浇铸。这样，笔画多的汉字，浇铸成镜后，字迹容易模糊。有的半圆方枚神兽镜，要在小方枚上再划成四块，每块刻一字，难度更大，所以再三减笔，结果减到令人难以辨认的地步。"还有一类铭

---

① 杨正光：《中日关系简史》，湖北人民出版社，1984年。

文犹如符号，只简单的几画，似谈不上减笔字。如本书新收录的好几面神兽镜中铭文即属此种情况。揣测原因，估计是当年工匠在制模时，依照别的铜镜铭文互相抄录或拼凑、随意模刻，或仅当作是一个装饰而已，所以此种镜铭，再费心思去辨认恐怕都是徒劳的。

纵观全国各地所出历代铜镜，其成色以战国、汉、唐三代最为复杂，这三代也是我国铜镜制作的三个高潮。浙江的出土铜镜以汉唐为大宗，故以这两代为主，归纳其成色，大致有以下几种：（1）全镜通体漆黑乌亮，所谓的黑漆古，如彩版 13、40；有些全镜漆黑，却无光质，如彩版 28。画像镜、龙虎镜中大多为这两种成色，部分神兽镜中也有，如本书彩版 46 基本为这种情况。（2）灰黑色，神兽镜中较多，如本书彩版 34。（3）黑灰带青黄，如彩版 39。这几种为浙江出土汉、唐镜的主要成色。（4）所谓的绿漆古，绿如翡翠，如彩版 69。（5）一镜中有不同成色，如本书新收录的出土于安吉的东汉神仙车马画像镜（彩版 17）、奉化白杜林场南岙—山厂墓葬群出土的神仙车马画像镜（彩版 19）、兰溪出土的唐代花枝镜（彩版 73），镜面上都有黑、白两种成色的现象。也有镜纽为青黄色，而镜体基本为黑色的，如彩版 45 即属这种情况。（6）本地有些汉镜，出土时用水经过泥土清理后，会呈现一种色泽发闷的绿色，犹如橡皮一般，加工痕迹几乎没有。如本书新收录一面出土于绍兴县的重列神兽镜（彩版 42）。这种现象属个例。（7）宋镜大部分出土铜镜上有绿色铜锈，有些腐蚀较重，这种情况全国似比较普遍，基本为铜镜的合金成分改变所致。但也有例外，如湖州镜，有相当一部分成色为黑或绿，且相对较少锈蚀。又如黄岩灵石寺塔出的一批线刻镜，这批铜镜成色完全是青铜的本色，黄中泛白，几乎没有锈蚀，说明当时这批铜镜制作包括最初的金属含量配比均比较讲究；另恐与收藏条件有关，它们均装置于铁函内，放于塔身的中空部位，即离开地面存放，密封防潮程度好，故有这般光亮如新的面貌。

关于造成铜镜不同成色的原理，目前国内、国际都有几种不同的观点，为此已有专家作过专业的介绍与分析①，这里只是列举几种本地所出汉、唐时期铜镜的典型成色。我在挑选本书新增部分的铜镜时，也有意识地关注了这个问题，它与鉴定辨伪有直接关系。

---

① 何堂坤：《中国古代铜镜的技术研究》，紫禁城出版社，1999 年。

原　序

王士伦

一　中国铜镜概述

（一）

　　中国铜镜的历史，大约可以上溯到四千年前的齐家文化时期。1977年在青海省贵南县尕马台齐家文化墓地，出土一枚铜镜，直径9、厚0.4厘米，表面光滑，背面为不规则的七角星几何纹图案，角与角之间饰以斜线纹，纽已残损[①]。1934年，河南安阳侯家庄第1005号大墓中发现商代青铜镜[②]；1976年，河南安阳"妇好"墓中，发现四枚青铜镜。据考证，"妇好"是殷王武丁的配偶，即妣辛[③]。从她的墓中出土了大批珍贵文物，但四枚铜镜均不精致。商代青铜器的铸造已达到很高的水平，主要用于制造礼乐器和兵器，虽然也制造日用器物，但铜镜工艺还处于初级阶段。

　　青铜镜的原料是铜、锡、铅合金。铜的可塑性好，但熔点高达1083℃。锡的展性好，熔点为232℃。铅的熔点为327℃。纯铜若加15%的锡，熔点降到960℃，若加25%的锡，熔点为800℃。铜镜的合金成分中，加锡和铅都可以降低熔点。加锡还可以增强硬度，并使之有光泽。加铅的另几个主要作用是：1.使合金溶液在镜范中环流良好；2.使镜子的表面匀整；3.利用铅在冷却后不会收缩的特性，使铸出来的镜子背面花纹整齐清晰；4.可以减少铜锡合金熔解时最容易发生的气泡，避免镜上出现泡斑。

　　铜、锡、铅合金的比例，《周礼·考工记》云："金锡半，谓之鉴燧之齐。"可是，湖南省工业试验所对战国黑色铜镜的化验结果为：铜占71.74%，锡占19.623%，铅占

[①]　青海省文物管理处考古队：《青海省文物考古工作三十年》，《文物考古工作三十年》，文物出版社，1979年。
　　李虎侯：《齐家文化铜镜的非破坏鉴定》，《考古》1980年4期。
　　甘肃省博物馆：《甘肃省文物考古工作三十年》，《文物考古工作三十年》，文物出版社，1979年。
[②]　高去寻：《殷代一面铜镜及其相关之问题》，《历史语言研究所集刊》（29）下。
[③]　中国社会科学院考古研究所：《殷墟妇好墓》，文物出版社，1980年。

2.69%，其他锌、锑、镍、铁等杂质在1%以下；氧化后表面呈玉绿色的铜镜，铜占66.33%，锡占21.992%，铅占3.363%，锌，锑、镍、铁等杂质在1%以下[①]。北京西汉中期的大葆台一号墓，出土铜镜两枚，一为星云镜，经化学定量分析，铜占66.6%，锡占23.03%，铅占6.0%；一为昭明镜，铜占67.2%，锡占23.32%，铅占5.2%[②]。据日本小松、山田的分析：汉画像镜，铜占66.48%，锡占23.01%，铅占7.34%；汉半圆方枚神兽镜，铜占71.61%，锡占17.88%，铅占7.69%；唐海兽葡萄镜，铜占68.75%，锡占25.40%，铅占4.16%。宋以后的铜镜往往掺锌，如南宋湖州镜，铜占67.88%，锡占13%，铅占7.63%，锌占8.24%；明洪武元年云龙镜，铜占70.95%，锡占5.97%，铅占11.40%，锌占9.18%[③]。唐及唐以前的铜镜断面呈银白色。扬州曙光仪器厂检验组化学分析唐四神镜和双鸾镜，其合金成分分别为铜占68.60%，锡占23.60%，铅占6.04%和铜占69.30%，锡占21.60%，铅占5.45%，并有微量的铁和锌等金属杂质成分[④]。晚唐以后，镜身渐薄，剖面由银白色变成黄铜色，质地一般不如以前。

铸造铜镜用泥范，日本梅原末治《汉三国六朝纪年镜图说》录有东汉建安元年（196年）半圆方枚神兽镜和无纪年画像镜的两个镜范；梁上椿《岩窟藏镜》录有兽地纹四山镜和草叶纹镜的镜范；建国以来，山西省等地也出土过铸造铜镜的泥范[⑤]。宋以后，特别在明代，往往用汉、唐铜镜翻模，即用汉、唐铜镜在泥中压印成泥范，这样就省去了造型和雕刻纹饰的工序，但翻铸出来的镜子，纹饰比较模糊，线条也显得板滞。

铜镜铸成后，需要在表面加涂反光材料。《淮南子·修务训》云："明镜之始下型，曚然未见形容，及其挖（道藏本作粉）以玄锡，摩以白旃，须眉微毫可得而察。"[⑥]《吕氏春秋·达郁》篇高诱注："镜明见人之丑……而挖以玄锡，摩以白旃。"旃通毡。那么，"玄锡"是什么呢？梁上椿《岩窟藏镜》说是水银。拙著《浙江出土铜镜选集》（1958年版）序文中从梁说；又拙作《汉六朝镜铭初探》（《考古通讯》1958年9期）一文的注释中仍沿用此说。作铭在编者按中指出："按玄者黑也。水银的颜色并不玄黑。玉篇云：'铅为黑锡'。玄锡是指铅，因为铅的性质和锡相似，但颜色较锡为黑。《宋史·食货志》也以'黑锡'和'白锡'对举。这里所谓'粉之以玄锡'，当指以铅粉磨擦镜子，使之光滑明亮。"

① 湖南省博物馆：《湖南出土铜镜图录》，文物出版社，1960年。
② 北京大葆台西汉墓博物馆藏。
③ 梁上椿：《岩窟藏镜·概论》，附有小松、山田对中国铜镜合金比例的分析表，数据较多，从略。
④ 周欣等：《扬州出土的唐代铜镜》，《文物》1979年7期。
⑤ 山西省文物工作委员会：《建国以来山西省考古和文物保护工作的成果》，《文物考古工作三十年》，文物出版社，1979年。
⑥ 《淮南子·修务训》、《吕氏春秋·达郁》篇高诱注："镜明见人之丑……而挖以玄锡，摩以白旃。"

作铭的见解比较符合实际。看来，战国和西汉时期，确有用黑铅粉磨镜的。《岩窟藏镜》图八二"尚方内向连弧纹镜"的铭文，就有"和以铅锡清且明"的句子。铅锡应该就是玄锡。

《淮南子》和《吕氏春秋》所说"挖以玄锡，摩以白旃"，"挖"是揩擦的意思，也就是说，在镜面加上铅粉，用白毡磨擦。镜铭中又有"和以银锡清且明"的句子，银可作白解，可能指白锡，也可能是水银和锡粉的混合物，用它来作为使镜子反光的涂料。元代陶宗仪《辍耕录》云："伪古铜器，其法以水银杂锡末，即今磨镜药是也。"[①]明代宋应星也说，"凡铸镜，模用灰砂，铜用锡和……开面成光，则水银附体而成，非铜有光明如许也。"[②] 明代冯梦桢说得更具体："凡铸镜炼铜最难。先将铜烧红，打碎成屑，盐醋捣荸荠拌铜埋地中，一七日取出，入炉中化清，每一两投磁石末一钱，次下火硝一钱，次投羊骨髓一钱，将铜倾太湖沙上，别沙不用。如前法六七次，愈多愈妙。待铜极清，加碗锡，每红铜一斤加锡五两，白铜一斤加六两五钱。所用水，梅水及扬子江心水为佳。白铜炼净，一斤只得六两，红铜得十两，白铜为精。铸成后开镜（开光），药，好锡一钱六分，好水银一钱。先熔锡，次投水银取起，入上好明矾一钱六分，研细听用。若欲水银古，用胆矾、水银等分，入新锅烧成豆腐渣样，少许涂镜上，火烧之。若欲墨漆古，开面后上水银完，入皂矾水中浸一日取起。诸颜色须梅天制造。上色后，置湿地一月外方可移动，则诸颜色与秦汉物无二，百计不能落矣。"[③] 1963 年，东阳县南寺塔发现一批文物，其中有一枚素面镜，明亮清晰，可以照人，明显附有水银，镜背墨书："婺州东场县太平乡郭内宣政保弟子金景晖，为亡姨李氏九娘舍人中兴寺塔内，永充供养。建隆二年九月二十五日记。"[④] 证明北宋初，磨镜是加水银的。袁翰青先生认为，中国至晚在公元前 2 世纪就开始了对汞（水银）的利用[⑤]。中国古代所采用的提炼汞的方法是将硫化汞（丹砂）加热分解出汞来。东汉以来，炼丹术流行，当然也包括对水银的炼制。所以，磨镜用水银的历史应该是比较早的。

铜镜大小不一。沈括说："古人铸鉴，鉴大则平，鉴小则凸。凡鉴洼则照人面大，凸则照人面小。小鉴不能全视人面，故令微凸，收人面令小，则鉴虽小而能全纳人面。仍复量鉴之大小增损高下，常令人面与鉴大小相若……"[⑥] 常见的铜镜多为小型的。但是，也有用于宫殿壁面的大铜镜。据《资治通鉴》载："匦舒又为上（唐高宗）造镜殿

---

① 陶宗仪：《辍耕录》卷十七《古铜器》，商务印书馆，1936 年。
② 宋应星：《天工开物》，中华书局，1959 年。
③ 冯梦桢：《快雪堂漫录》。
④ 今藏东阳县文物管理委员会。
⑤ 《中国化学史论文集》。
⑥ 沈括：《梦溪笔谈》卷十九，上海涵芬楼影印明刊本。

成，上与（刘）仁轨观之。仁轨惊趋下殿。上问其故，对曰：'天无二日，土无二王，适视四壁有数天子，不祥孰甚焉？'上遽令剔去。"① 唐无名氏写的《迷楼记》云："铸乌铜屏数十面，其高五尺而阔三尺，磨以成鉴为屏，可环于寝……"② 西晋文学家陆机致弟陆云书云："仁寿殿前有大方铜镜，高五尺余，广三尺二寸，立着庭中……"③ 1980 年山东淄博市出土西汉长方形大铜镜，高约 120、宽约 21 厘米。这些材料说明大型铜镜至晚在西汉已经能够铸造。镜子必须表面平整，否则映出物像会变形。西汉时能铸造那样大的镜子，说明青铜镜的铸造技术达到了很高的水平。

古人用镜，有手执、悬挂和置于案上三种方法。铜镜镜纽上多系以绸带，便于持握或悬挂。东晋顾恺之画的《女史箴图》中，有一段是临镜化妆的场面：右边一人席地而坐，左手执镜，右手理发，镜中现出人像；左边一女对镜而坐，身后一女侍立，左手挽坐女发，右手执栉而梳，席前置镜台和各种化妆品。镜台底部有座，座上立竿柱，圆形铜镜系于竿头，竿柱中部装一方盒，用以盛放梳篦④。这种式样的镜台，与沂南汉画像石刻女婢所持镜台是极相似的⑤。还有一种镜台，其下设座，其上立竿柱，竿柱上装有半圆形架，镜即插于架槽内。河南安阳隋开皇十四年（594 年）墓出土的镜台，下为长方形座，其上立柱，柱顶作宝珠状，柱的上部弧形起翘的搁架，是用以安置镜子的。置于桌上的镜子，背后有支架⑥。福建南宋黄升墓出土有髹漆木镜架⑦。白沙宋墓第一号墓后室西南壁壁画中，画有淡赭色镜台，台架上悬挂圆镜一面，一女欠身对镜戴冠，镜台的形式与黄升墓所出近似⑧。此外，北京法海寺明代壁画中，也画有一持镜女，镜纽上系绸带，女一手执绸带，一手托镜于胸前⑨。

镜子本身是用于照面整容的，但是古人将镜子葬入墓内，除表示给死者在"阴间"使用外，另有一种用途，即南宋周密《癸辛杂识》所说："世大欽后，用镜悬棺，盖以照尸取光明破暗之义。"⑩ 陕西宋、金墓中，铜镜多悬于墓室顶部正中⑪，正是出于这种原因。浙江临安县板桥的五代墓中出土的两枚铜镜，一枚是四灵八卦镜，置于墓后室拱

① 《资治通鉴·唐纪·高宗皇帝》中之下，开耀元年三月条，中华书局，1986 年。
② 《说郛》唐无名氏《迷楼记》，商务印书馆，民国 19 年。
③ 《太平御览·服用部》，中华书局，1962 年。
④ 沈从文：《中国古代服饰研究》图 37，商务印书馆香港分馆，1981 年。
⑤ 曾昭燏等合著：《沂南古画像石墓发掘报告》，文化部文物管理局，1956 年。
⑥ 《明朝之际版画集》下，有一画，画一长桌，桌上置一铜镜，镜后有支架。
⑦ 福建省博物馆：《福州南宋黄升墓》，文物出版社，1982 年。
⑧ 宿白：《白沙宋墓》，文物出版社，1957 年。
⑨ 《北京法海寺明代壁画》图 51，中国艺术出版社。
⑩ 郎瑛：《七修类稿·古镜》条亦有引文。
⑪ 陕西省文物管理委员会：《陕西省出土铜镜·序》，文物出版社，1959 年。

券顶之暗窗内；另一枚素面镜，置于前墓室穹窿顶之暗窗内①，显然也是"以照尸取光明破暗"之义，而且说明这种习俗至晚在五代已经存在。唐代王勔的《古镜记》，说隋末王度得一宝镜，屡以此制服精魅，其弟勣也凭借此镜之力，降服鬼怪。数年后，镜即化去。汉代镜铭中常有"辟不祥"的铭文，古代寺庙建筑正脊和壁上嵌镜，这些大概都是为驱除鬼魅而设。

镜子也有用铁铸造的。《太平御览》载："魏武帝上杂物疏曰：'御物有尺二寸金错镜一枚，皇太子杂（用物）纯银错七寸铁镜四枚，贵人至公主九寸铁镜四十枚。'"建国以来确有铁镜发现，如河南洛阳一工区东汉建安三年（170 年）墓中出土有素面铁镜②。洛阳烧沟 95 座汉墓中出土铁镜 9 枚③。陕西潼关汉代杨震墓、浙江上虞县东晋墓均出土过铁镜④。

铜镜是日常生活用品，很讲究美观，镜背有花纹和铭文，有的还有嵌螺钿、金银平脱，或镀金等装饰。铜镜的花纹题材和铭文内容，往往反映了当时的社会意识形态。

（二）

中国古代铜镜的制作、形制、纹饰和铭文，每个时期都有明显的区别，脉络是清楚的。

关于铜镜的断代，前人做了许多研究工作，特别是建国三十多年来，随着考古事业的不断发展，大量铜镜从古墓中出土，这就为铜镜的断代提供了科学的依据。1960 年湖南省博物馆编写了《湖南出土铜镜图录》，对战国时期的铜镜进行了比较科学的断代分析⑤。洛阳地区考古发掘队编的《洛阳烧沟汉墓》，对两汉铜镜进行了分类和断代⑥。以后，全国各地陆续出土了战国和秦汉时期的铜镜，证明上述两书所作的断代基本上是正确的。

中国铜镜纹饰的发展，大致可分为：战国、战国末至西汉、西汉末至东汉中期、东汉晚期至三国、两晋南北朝、隋唐、北宋和辽、南宋和金、元、明等几个阶段。

战国时期的楚镜很有名。战国早期的铜镜小而薄，后来趋向稍大而厚重。镜背装置拱形弦纹纽。有的采用纯地纹作稠密布置，题材以蟠螭纹最为流行，其次为云雷纹。有的采用地纹和主纹相结合的办法，也就是用细线条的蟠螭纹或云雷纹作地纹，其上再加

---

① 浙江省文物管理委员会：《浙江临安板桥的五代墓》，《文物》1975 年 8 期。
② 洛阳市文物管理委员会：《洛阳出土古镜》，文物出版社，1959 年。
③ 洛阳地区考古发掘队：《洛阳烧沟汉墓》，科学出版社，1959 年。
④ 浙江省文物考古所藏考古资料档案。
⑤ 湖南省博物馆：《湖南出土铜镜图录》，文物出版社，1960 年。
⑥ 同③。

粗线条的山字纹、四叶纹、菱形纹、方连纹、连弧纹、龙凤纹等主纹，此外还有一种四分法或环绕式布置。地纹和主纹重叠的镜子，以山字纹镜及稍后的菱形纹镜最常见，狩猎纹镜甚少。洛阳金村曾出土金银错狩猎纹镜，当是战国时的产品①。湖北云梦秦墓中也发现一件铸有武士与虎豹搏斗纹饰的铜镜②。凡是以主、地纹构图的，地纹用细线条浅浮雕，主纹用粗线条和较高的浮雕，层次分明。少数采用透雕手法，在洛阳、湖南、四川等地均有发现③。透雕手法的使用一直延续到西汉④。

　　浙江几乎没有发现过战国铜镜，这是有其历史原因的。春秋战国时期，越国与吴国交战失败后，经过"十年生聚，十年教训"，国力复苏，公元前472年，越王勾践灭吴，北上会诸侯于徐州。由于交战的需要，越国大力发展青铜兵器生产，终于以铸剑闻名天下，但毕竟物力有限，不能大量铸造铜镜等日用器物。

　　战国晚期到西汉初期，是铜镜发生变化的一个过渡时期。这时期地纹逐渐简化，主纹趋向整齐，铭文开始出现。西汉初、中期，以蟠螭纹镜和草叶纹镜最具有代表性。西汉中期后，盛行星云镜、昭明镜和日光镜。昭明镜和日光镜大约一直延续到新莽时期。西汉铜镜花纹开始采用以镜纽为中心的对称布局，一般采用四分法。脆薄易断的拱形弦纹纽逐渐被淘汰，博山炉纽和半球形纽大量出现。半球形纽成为后来镜纽的主流。浙江地区的铜镜大约从西汉开始较广泛地流行。

　　西汉的日光镜和昭明镜中，有一种被称为"透光镜"。这种镜子的镜面受到日光或灯光（聚光）照射时，能够在墙上反映出与镜背花纹相对应的图像。早在隋、唐之际，王度的《古镜记》就有记述。沈括《梦溪笔谈》卷十九云："世有透光鉴，鉴背有铭文，凡二十字，字极古，莫能读。以鉴承日光，则背文及二十字皆透在屋壁上，了了分明。人有原其理，以谓铸时薄处先冷，唯背文上差厚，后冷而铜缩多，文虽在背，而鉴面隐然有迹，所以于光中现。余观之，理诚如是。然余家有三鉴，又见他家所藏，皆是一样，文画铭字，无纤异者，形制甚古，唯此一样光透；其他鉴虽至薄者，皆莫能透，意古人别自有术。"清郑复光《镜镜泠痴》卷五做了补充，认为由于铸造时冷却速度不同，铜的收缩率不一，形成镜面隐然有凹凸不平，在刮磨时也难以消除，虽"照人不觉，发光必现"。他认为，铜镜的透光和水面经日光照射，在墙上反映出"莹然动"的水光道理相同，是一种光程的放大现象。1974年，上海博物馆与复旦大学光学系、交通大学铸工教研组等有关单位协作，对透光镜作了模拟试验，证明沈括和郑复光的推断

---

① 参见拙作《试谈中国铜镜纹饰的发展》，《文物参考资料》1957年8期。

② 《湖北云梦睡虎地十一座秦墓发掘简报》，铜镜一件，桥形纽，勾连纹地，上有两武士手持盾、剑与虎、豹搏斗的生动画面，见《文物》1979年9期。

③ 《四川涪陵地区小田溪战国土坑墓清理简报》，《文物》1974年5期。

④ 南京博物院：《江苏涟水三里墩西汉墓》，《考古》1973年2期。

是正确的。陈佩芬同志《西汉透光镜及其模拟试验》，刊于《文物》1976 年第 2 期。在这里需要补充一点，就是"透光镜"并非铸造过程中出现的自然现象，而应是古代匠师的有意铸作，因为只有日光镜和昭明镜有这种现象，其他镜类却均无此特点。所以沈括说："意古人别自有术。"

西汉末至东汉中期，最具代表性的铜镜是连弧纹镜、四乳四螭镜、四神规矩镜，四神禽兽带镜。以《洛阳出土铜镜》附表为例：四乳四螭镜四枚，其中西汉晚期三枚，王莽时一枚。

关于规矩镜，《洛阳烧沟汉墓》的作者认为："四神规矩镜的最早出现或者在王莽前，最盛期应是王莽时，其下限，一直可能到东汉中叶"；沈从文在《唐宋铜镜》一书的题记中说，尚方规矩镜"或创始于武帝刘彻时的尚方官工，到王莽时代才普遍流行，是西汉中叶到末叶官工镜子的标准式样"。

从出土的规矩镜看，有如下几种类型：

河北满城西汉中山王刘胜之妻窦绾墓所出的蟠螭纹规矩镜①，可说是早期规矩纹，使用的线条与后来的规矩纹不一样。

西汉晚期至东汉中期的规矩镜，以《洛阳出土铜镜》附表为例，在 19 枚规矩镜中，15 枚没有铭文，其时代除一枚为东汉初或中期，一枚为东汉中期外，其余都在西汉晚至东汉初；四枚有铭文的，一枚为"新有善铜出丹阳"，可能是新莽时的产物（原表定为东汉初），一枚作者云不可释，时代也在东汉初，另两枚为"尚方作竟真大巧"，时代在东汉中期。

关于"尚方"的设置，唐杜佑《通典》云："秦置尚方令，汉因之。……汉末分尚方为中、左，右三尚方，魏晋因之，自过江左，唯置一尚方……"《汉书·百官公卿表》："少府，秦官，掌山海池泽之税，以给共养，有六丞。属官有……又中书谒者、黄门、钩盾，尚方、御府……"师古注曰："尚方主作禁器物。"② 由此可见，尚方规矩镜不一定创始于武帝刘彻时的尚方令。

梅原末治《汉三国六朝纪年镜图说》收有王莽始建国二年规矩兽带镜一枚，但铭文中没有"尚方作竟"的字样；另一面传浙江绍兴出土永平七年"尚方"兽带镜，铭文中虽有"尚方"字样，但是没有规矩纹。其他各地如湖南益阳③、长沙金塘坡④、浙江杭州饭店工地、杭州精神病院工地、临平山工地、慈溪县橹山，绍兴市涅渚、宁波火

---

① 中国科学院考古研究所等：《满城汉墓发掘报告》，文物出版社，1980 年。
② 《汉书·百官公卿表》七上，中华书局，1987 年。
③ 《湖南益阳战国两汉墓》，《考古学报》1981 年 4 期。
④ 《长沙金塘坡汉墓发掘简报》，《考古》1975 年 5 期。

车站工地①等东汉墓中，均有规矩镜出土，其上限为新莽，下限似可延续到东汉晚期。

当然，铸有"尚方作镜"的铜镜，不一定都是尚方镜，甚至可以说假尚方镜居多。梁上椿《岩窟藏镜》第二集收有尚方十二辰四神规矩御镜一枚，铭文开头一句是"尚方御竟大毋伤"，制作精致，铭文整齐，无一漏字，无一错别字，无一减笔，只有"镜"作"竟"，"祥"作"详"，此二字本可通假。故当是真的尚方镜。当然，并非说其他都是伪造，但有一点可以肯定，尚方镜必须是精致的。

至晚从东汉中期开始，画像镜异军突起，东汉晚期神兽镜和龙虎镜继起，前者大约从三国开始衰微，后者一直延续到东晋。详见第二章会稽铜镜。

东汉中期开始流行连弧纹兽首镜。梅原末治《汉三国六朝纪年镜图说》收有东汉永寿二年、延熹七年、光和元午、熹平三年、三国时甘露五年的连弧纹兽首镜，以及传河南洛阳出土的永嘉元年连弧夔凤镜，前者在陕西有一些发现，洛阳烧沟出土的夔凤镜和变形四叶纹镜与后者相仿②。这两种镜子在浙江则很少见到。在浙江见到的是大扁纽八凤镜，都出土于三国墓中，制作和纹饰比较精致。

浙江出土的六朝铜镜多数质地轻薄，制作粗糙，纹饰也拙劣。例如黄岩秀岑水库六朝墓出土的九枚铜镜，诸暨牌头六朝墓出土的铜镜，瑞安县芦浦水库东晋太和三年墓出土的四神八雀镜，瑞安县桐溪水库南朝梁大同八年墓出土铜镜，杭州半山马岭山西晋太康八年墓出土的神兽镜，新昌县孟家塘大岙底东晋太元十八年墓出土的四乳禽兽镜，制作和质地都很粗劣，有的虽有铭文，但腐朽不能辨③，金华古方晋墓出土了一枚四叶纹人物镜，在四叶的每瓣上，各有人像一个，分别题为"弟子仲由"，"弟子颜渊"，"弟子子贡"，另一题名不清晰，这种镜子虽属罕见，但同样制作不精，构图拙劣④。

其他省份出土铜镜的情况也与浙江相似，例如甘肃张家川大赵神平二年（相当于北魏永安元年，528 年）墓出土铜镜一枚，仅饰凸弦纹二道，亦非精品⑤。20 世纪 50年代，广州市文管会在市郊清理古墓 395 座，其中 95 座六朝墓中有 17 座是砖室墓，出土铜镜仅两枚，一枚是茶亭一号墓出土的四神镜，一枚是马棚岗十四号墓出土的神兽镜，质地制作均不佳。1980 年江西赣县南朝齐建武四年（497 年）墓中出上铜镜一枚，纹饰简单无铭文，质地甚薄⑥。《四川省出土铜镜》所收的几枚南北朝时期的铜镜亦复如此。

---

① 浙江省文物考古研究所考古档案材料。
② 洛阳地区考古发掘队：《洛阳烧沟汉墓》，科学出版社，1959 年。
③ 同①。
④ 今藏金华市文物管理委员会。
⑤ 秦明智、任步云：《甘肃张家川发现"大赵神平二年"墓》，《文物》1975 年 6 期。
⑥ 江西省文物工作队、薛翘：《赣县南朝齐墓》，《江西历史文物》1982 年 4 期。

由此可见，南北朝铜镜无论质地、纹饰均欠精致，比之隋唐铜镜确有精拙之别。隋墓出土的铜镜，可以《陕西省出土铜镜》收录的三枚隋四兽镜为例，这三面镜子铭文分别为：

"杨府可则，盘龙斯铸。徐稚（犀）经磨，孙丞晋赋。散池菱影，开云桂树。玉面方窥，仙刀永故。"

"窥庄益态，韵舞鸳鸯。万龄永保，千代长存。能明能鉴，宜子宜孙。"

"昭仁晒德，益寿延年。至理贞壹，鉴保长全。窥庄起态，辨貌增妍。开花散影，净月澄圆。"①

隋大业四年李静训墓出土铜镜一枚，内区草叶纹，外区分十二格，分别饰以十二辰动物，再外一周为锯齿纹，纽外铭文为"长命宜新光返随人。"②

陕西永寿孟村出土隋镜，纽座双线八角纹，每角一字，内区分八格，分别饰以西王母、东王公和神兽，外区十二生肖及朱雀、玄武，外缘为缠枝花。铭文为："淮南起照，仁寿传名。琢玉斯表，熔金勒成。时雍炎晋，节茂朱明。爰模鉴彻，用拟流清。光无亏满，叶不枯荣。图形览质，千载为贞。"③

以上五例，有以下几个特点：铭文都是四言骈体文，纹饰与汉镜明显不同，但往往保留某些汉镜纹饰的遗风。如锯齿纹、西王母、东王公、规矩纹中的 L 纹，四叶纹纽座等，花纹也比较精致。再以《陕西出土铜镜》一书所收唐代铜镜为例，在 70 多枚唐代铜镜中，有骈体铭文的仅七件，约占十分之一④。结合其他各地出土隋唐铜镜分析，这类镜可能始自南北朝末，但主要是隋代和唐初的产物，时间比较短暂。晚唐虽然也有骈体文镜，但纹饰比较粗糙。唐代铜镜很少有铭文，纹饰丰富多彩。现选几枚陕西唐代纪年墓中出土的铜镜作为例证，这些镜子均无铭文：

贞观十四年墓出土螺钿人物镜；

咸亨元年墓出土宝相花镜⑤；

葬于唐神功二年的独孤思贞墓出土海兽葡萄镜⑥；

神龙二年墓出土舞凤狻猊镜；

开元二年墓出土雀绕花枝镜；

开元十五年墓出土狻猊镜；

---

① 陕西省文物管理委员会编：《陕西省出土铜镜》第80、81、82图，文物出版社，1959年。

② 中国社会科学院考古研究所编：《唐长安城郊隋唐墓·隋代李静训墓》，文物出版社，1980年。

③ 朱捷元：《陕西永寿孟村发现隋代铜镜》，《文物》1982年3期。

④ 《陕西省出土铜镜》。其中所列70多面唐镜，个别可能是隋镜。第137图应是北宋铜镜。

⑤ 同④。

⑥ 中国社会科学院考古研究所编：《唐长安城郊隋唐墓·隋代李静训墓》，文物出版社，1980年。

天宝四年墓出土飞仙镜；

天宝四年墓出土双鸾衔绶镜①。

唐政府对铜镜颇为重视，用铜镜作为赏赐大臣的高级礼品。如《旧唐书·玄宗本纪》所记，"开元十八年……以千秋节百官献贺，赐四品已上金镜、珠囊、缣彩……"《朝野佥载》卷三载：中宗李显"令扬州造方丈镜，铸铜为桂树，金花银叶。帝每骑马自照，人马并在镜中"。白居易《新乐府·百炼镜》云："百炼镜，熔范非常规。日辰置处灵且奇，江心波上舟中铸。五月五日日午时，琼粉金膏磨莹已，化为一片秋潭水。镜成将献蓬莱宫，扬州长史手自封……"扬州离浙江不远，是唐代铸镜中心之一，浙江出土的唐镜，有些可能来自扬州。

唐代铜镜的造型突破了传统的圆形格式，出现了大量花式镜，纹饰题材丰富，构图新颖。采取弧面浮雕，立体感强。在继承传统艺术的基础上，也吸收了外来的营养，创造出生动而华丽的风格。常见的纹饰题材有云间飞天、迦陵频迦、月宫嫦娥、玉兔捣药、神人乘龙、仙女骑鸾、伯牙弹琴、孔子问荣启期、真仙八卦、珍禽瑞兽、盘龙舞凤、狻猊奔驰、人物花鸟、海兽葡萄、双鸾衔绶、宝相牡丹、卷草群鸟、雀蝶穿花、鸾凤和鸣、鸳鸯双鹊……装饰手法除浮雕外，还有金银平脱、嵌螺钿、捶金银、鎏金、彩漆绘、嵌琉璃等等，华美异常。铺开枚枚镜子，那些富有变化、生动瑰丽的画面，相映生辉，仿佛进入了大唐皇家后苑，天府乐园、人间仙境融成一体。由于唐朝空前规模的统一，政治比较开明，经济不断发展，对外交往密切，文学艺术繁荣，把源远流长的铜镜工艺，推向登峰造极的地步。

唐末由于藩镇割据，天下纷乱，扬州几经兵燹，惨遭破坏。《资治通鉴》卷二百五十九唐昭宗景福元年载："先是，扬州富庶甲天下，时人称扬（州）一，益（州）二。及经秦（彦）、毕（师铎）、孙（儒）、杨（行密）兵火之余，江、淮之间，东西千里扫地尽矣。"镜子的铸造从此一蹶不振。这时期铸造的铜镜，从浙江出土情况看，已是唐代铜镜的尾声。五代吴越国王钱镠之母水邱氏墓中出土了大量精美的文物，唯独铜镜不精，就是有力的说明。

宋代铜镜大致可分为两个阶段。北宋铜镜别开生面，纹饰常以缠枝花草为题材，艺术手法和风格则与当时的漆器、瓷器相近。南宋铜镜以素地为主，已处于衰落阶段。此后的制镜工艺水平日趋低劣，最终被玻璃镜所代替。

---

① 中国社会科学院考古研究所编：《唐长安城郊隋唐墓·隋代李静训墓》，文物出版社，1980 年。

二　会稽铜镜

（一）

春秋战国时，会稽为越国的都城。秦置山阴县，属会稽郡。南朝陈代分山阴地，置会稽县。唐时改为越州。南宋建炎三年（1129年），金兵长驱直入，赵构由临安府渡江，经越州，逃到台州、温州，次年四月返回越州，住了一年多，改年号为"绍兴"，并升越州为绍兴府。"绍兴"之名，一直沿用到现在。

会稽铜镜在东汉早中期兴起，是有其历史原因的。早在汉武帝元狩四年（公元前119年），关东贫民徙陇西、北地、西河、上郡、会稽凡七十二万五千口[①]。西汉时，由于北方劳动人民大量南迁，会稽郡有户二十多万，口百余万[②]。人口的增加促进了江南经济的发展。东汉时会稽太守马臻兴筑鉴湖，周广三百五十多里，灌溉良田九千余顷，对当地农业的发展，起了重要作用。三国东吴时，钟离牧在永兴（今萧山，绍兴邻县）垦田二十余亩种稻，一年得精米六十斛[③]，说明当时的产量不低。农业的发展，为铜镜工艺的兴起，奠定了经济基础。

东汉初年，由于"天下新定，道路未通，避乱江南者皆未还中土。会稽颇称多士。"[④] 官僚地主接踵而来，"民物殷阜，王公妃主，邸舍相望。"[⑤] 三国东吴时，会稽郡的虞、魏、孔、贺四大族，都占有大量的土地。如"（孔）灵符家本丰，产业甚广，又于永兴立墅（田庄），周回三十三里，水陆地二百六十五顷；含带二山，又有果园九处。"[⑥] 由于人口的增长，作为日常生活用品的铜镜，需要量势必增加。

会稽一带有丰富的矿藏资源，例如绍兴平水附近的桃红兵康铜矿，绍兴兰亭谢家桥大焦岭铅矿，上虞县东关银山坝铅矿，诸暨铜岩山铜矿，都是古代开采过的。《嘉泰会稽志》载，锡山，在县东五十里，越王曾采锡于此。铜牛山在县东南五十八里，有炼塘里，为勾践冶炼铜场。《越绝书》卷第十一云，越王勾践有宝剑五，闻于天下，造此剑时，"赤堇之山破而出锡，若耶之溪涸而出铜"。以上事实表明，在会稽地区确有古人开采过的铜、锡、铅等矿藏。

越国以铸剑著名，江陵出土的越王剑是其代表作；齐时号称"中国绝手"的炼钢能手

---

① 《汉书》卷六"武帝纪"，中华书局，1987年。
② 《汉书》卷二十八"地理志"，中华书局，1987年。
③ 参看范文澜《中国通史简编》修订本第二编，第213页，人民出版社，1956年。
④ 《后汉书》卷七十六循吏《任延传》，中华书局，1987年。
⑤ 《宋书》卷五十七《蔡廓传》，中华书局，1974年。
⑥ 《宋书》卷五十四《孔季恭附弟灵符传》，中华书局，1974年。

谢平就是上虞人①。南朝著名的制造兵器的冶所，设在会稽郡所属的剡县（今嵊县，与上虞邻近）三白山。以上事实说明，会稽地区具有冶炼的传统技术，具备了制造铜镜的先决条件。

（二）

浙江何时开始使用铜镜尚难断言。就浙江各地发现的铜镜来说，西汉中叶以后的昭明镜、日光镜和四螭镜比较多，东汉的尚方规矩禽兽镜更多。这许多铜镜在浙江出土，很难说都是外地流入的。此外出土最多的是东汉至西晋时期的画像镜、神兽镜和龙虎镜，其主要产地从铜镜铭文判断，是在吴、会稽和武昌。

本节着重讲画像镜。画像镜的镜铭中尚未发现纪年，刻有地点和姓名的则有：

"吴胡阳里周仲作"车马神仙画像镜②。

"胡向里柏氏作"伍子胥画像镜③。

"周仲作"神人龙虎画像镜。

"上虞杜氏造珍奇镜"（龙虎镜）④。

"杜氏作珍奇镜兮"（西王母画像镜）⑤。

"吴向阳周是作"（神人车马画像镜，绍兴县上灶公社虎山脚下出土）。

镜铭中的"吴"应是吴县。

画像镜以神仙车马画像镜和历史故事画像镜两类最具典型性。从出土情况看，1972年，浙江富阳县东汉早中期墓中出土车马镜一枚，同墓出土双系旋纹陶罐和五铢钱；1955年，宁波火车站工地清理了一批古墓，在24座东汉早中期墓中出土车马画像镜一枚；19座东汉中晚期墓中，有两墓各出车马画像镜一枚，7座东汉晚期墓中有4座各出车马画像镜一枚⑥；新昌西岭公社凤凰大队东汉中晚期墓出土车马神人画像镜一枚。

以上事实表明，车马画像镜的流行始于东汉早期，盛于中晚期，因为一般地说，镜子铸造的年代总要早于该墓葬的年代。

在画像镜中，绝大部分是神仙画像镜，并多为西王母画像镜，不过有些镜子未铸"西王母"题榜。西王母画像镜又可分为三大类：一类是西王母车马画像镜，一类是西王母群仙画像镜，一类是西王母瑞兽画像镜；在这三大类里，还可以细分为若干种。

---

① 《太平御览》卷六六五，中华书局，1962 年。

② 梁上椿：《岩窟藏镜》第二集下 25 图，大业印刷局育华印刷所，1935 年。

③ 梅原末治：《绍兴古镜聚英》第 49、50 图，桑名文星堂，1939 年。

④ 拙作《浙江出土铜镜选集》第 37 图。说明中首句释文有误，应释作"上虞杜氏造珍奇镜"。

⑤ 同③。

⑥ 据浙江省文物考古研究所考古档案资料及发掘主持者介绍。

关于西王母的神话，最早见于《山海经》，晋代从战国魏王墓中出土的《穆天子传》说，周穆王十三年用伯父为向导，乘着造父驾的八骏大车，率领大队人马，带着精美的丝织物和其他手工艺品，从王都宗周（西安附近）出发，经过许多地方，最后到西王母之邦的瑶池拜会了西王母。《汉武帝内传》里，把西王母描写成年约三十，姿容绝世，有大群仙姬随侍、武帝拜受教命的威严女神，并说她把3000年结一次果的蟠桃赐给武帝。《淮南子·览冥训》有"羿请不死之药于西王母，姮娥窃以奔月"的记载，于是民间把她当作长生不老的象征。

东王公，又称东王父。《神异经》说："西王母岁登希有鸟翼上，会东王公也。"东王公"长一丈，头发皓白，人形鸟面而虎尾，载一黑熊，左右顾望。"

神仙画像镜中有的标明西王母和东王公；神兽镜中的神仙，有的也应该是西王母、东王公。神仙画像镜中表现的西王母故事，是把《山海经》、《神异经》、《穆天子传》、《汉武帝内传》等几种神话故事的有关情节揉合在一起，经过取舍，结合民间传说进行创作的。

画像镜中的西王母多为跪坐姿式。身穿宽袖窄衣，长裙曳地。头上梳髻，似乎还饰有巾帼，缀以步摇，与山东沂南画像石墓中的西王母戴胜的形象不同。西王母像还有做舞蹈姿态的。如绍兴出土的田氏车马画像镜中，一舞蹈女像的上方刻"东王母"三字，"东王母"应是"西王母"之误刻。西王母细腰长裙，裙幅随舞蹈动作而飘动，双手各执长巾一条。左手所执长巾上端似有一短棍。手执短棍，便于把握，用以完成较难的动作。两臂舞姿，类似"顺风旗"的动作。这应该是盛行于汉代的"巾舞"。上虞县出土的西王母马戏画像镜中，亦有一女舞者，动作与上述西王母同，但不是西王母，因另有一跪坐神人，双手亦作舞蹈状，旁刻"西王母"字样。此外，画像镜中的舞蹈者，有的曳在两袖口外的不似长巾，而像长袖。两手拂袖，舞姿轻盈，似是古代江南流行的"白纻舞"。

西王母是神仙，神仙本属子虚，匠师刻画西王母所依据的模特儿，很可能是女巫。徐坚《初学记》卷十五引《夏仲御别传》云："仲御从父家女巫章舟、陈殊二人，妍姿冶媚，清歌妙舞，犹若飞仙。"邯郸淳作《孝女曹娥碑》说，东汉孝女曹娥之父曹盱"能抚节弦歌，婆娑乐神"。曹娥是上虞人，看来当时上虞是盛行舞蹈的。

西王母的侍者有玉女和羽人。玉女或拱手而立，或席地而坐，或持华伞，或拿便面，或抚琴，或舞蹈。羽人，即生有羽毛的仙人。《山海经·海外南经》说，有羽人之国，不死之民，其为人长头，身生羽。东汉思想家王充《论衡·无形篇》云："图仙人之形，体生毛，臂变为翼，行于云，则年增矣，千岁不死。此虚图也。世有虚语，亦有虚图。"同书《道虚篇》云："为道学仙之人，能先生数寸之毛羽，从地自奋，升楼台之陛，乃可谓升天。"王充是上虞人，说明东汉时会稽一带确有相信羽人之说的。

梅原末治《绍兴古镜聚英》第十三图录有"王女朱师作兮"铭文的西王母画像镜，

又记有"仙人六博"。图中两个长翅的仙人相对跪坐，中间为六博棋盘。据《楚辞·招魂》补注引《古博经》载，博时先掷采，后行棋，以筹多者为胜。两仙人，一向对方伸出左手，作讨物状，另一人手捧一叠长方形物（筹码），似欲给对方。

车马的形象均非常生动。拉车的骏马三匹、四匹、五匹、六匹、八匹不等。矫健的骏马，或昂首飞驰，或回头嘶鸣，"并驾齐驱，而一毂统辐"。

车子的顶篷大致分两种：一种是卷棚式，下部平坦；一种是四坡顶，翼角起翘。车厢两侧开窗。按当时习惯，乘车的人是从后面上车的。绍兴市文物管理委员会藏有一枚神仙车马镜，有一人似刚从后面上车并侧身向外探望。车厢的前面下部安长方箱形槛，有的还刻一人凭槛外眺。有的车马镜车前挂帘幕，车厢后下部飘曳长帛。有的车厢两侧没有屏蔽，只在后面装上屏蔽，前面安槛。还有在车旁题"马车"二字的．这种轿式马车，明显和山东、四川、辽阳的汉代石刻、砖刻、彩画所反映的马车不尽相同，而与浙江海宁县长安镇东汉墓画像石刻的马车却十分相似。

画像镜中表现神人交战的图像：武士拉满弓，矢离弓而出，也有武士一手挥矛，一手持盾，骑马交战。作者抓住了最生动的一刹那，进行了惟妙惟肖的刻画。

除画像镜和神兽镜外，绍兴还出土有"王乔马"神兽带镜，外区纹饰采用环带状布局，其间饰以七组神兽，每组间用四叶纹作分隔，并标明"柏师作"、"王乔马"、"赤诵马"、"辟邪"、"铜柱"。王乔是道教神仙。《历世真仙体道通鉴》记有三个王乔：一为周灵王太子，乘白鹤升天，道教称他为"右弼真人"，掌吴越水旱；一为东汉时的尚书郎，出为叶县令，每月朔旦，常自县诣台朝帝，叶门下鼓不击自鸣，声闻京师；一为武阳人，后于东崿山得道。联系当时铜镜铭文常有"风雨时节五谷熟"的句子，推想镜铭中的王乔，应是周灵王的太子。"赤诵"即"赤松子"，他是中国神话中的仙人雨师，后为道教所尊奉。据传，他"服水玉以教神农，能入火自烧。至昆仑山上，常止西王母石室中，随风雨上下。炎帝少女追之。亦得仙俱去"[1]。据光绪《富阳县志》载，在县东十五里有赤松子庙。里人水旱祷之。可见赤松子的神话传说在江南一带的影响是很深的。

历史故事画像镜，主要是描写伍子胥自刎的故事。相传越王勾践被吴王夫差战败，保栖会稽，发愤图强，决心复仇。在发展生产、训练士兵的同时，把美女送给吴太宰嚭和吴王夫差，"以惑其心，而乱其谋"[2]。《国语·越语》云："越人饰美女八人，纳之太宰嚭曰：'子苟赦越国之罪，又有美于此者将进之'。"《越绝书》写得更具体："越乃饰美女西施、郑旦，使大夫种献之于吴王曰：'昔者越王勾践，窃有天下之遗西施、郑

---

① 《云笈七签》卷一百八，书目文献出版社，1992年。
② 《吴越春秋》卷九，上海涵芬楼明刊本影印本。

旦。越邦涝下贫穷不敢当，使下臣种再拜献之大王。'吴王大悦。申胥谏曰：'不可，王勿受……胥闻贤士邦之宝也，美女邦之咎也，夏亡于来喜，殷亡于妲己，周亡于褒姒。'吴王不听，遂受其女；以申胥为不忠而杀之。"①《史记》也有越王勾践"以美女宝器令种间献吴太宰嚭"的记载②。伍子胥画像镜把画面分成四区，幅幅连贯，集中刻画了伍子胥忠直敢谏、谏而不从、被吴王赐剑自杀的情景。他面对吴王，怒目而视，加剑颈上。吴王端坐，斜视伍子胥。旁有"王女二人"，拱手而立，大概就是西施和郑旦。王女旁为宝器，又有越王和范蠡，表现出洋洋自得的神态。

特别要提到的是上虞县出土的一枚东汉屋舍画像镜。镜纽外有四组纹饰：一组是青龙和屋舍，屋舍为重檐楼房，楼上前沿有栏干，屋前铺设曲道；一组为人物和屋舍，屋舍重檐，屋前也有曲道；一组为神人，两旁有侍者；一组神人对坐屋舍下，屋舍重檐，并有立柱。刘敦桢《中国古代建筑史》所录河南郑州汉代空心砖上的庭院图，其中楼与曲道的形式，与上虞县出土的屋舍画像镜中的屋舍是近似的。

（三）

神兽镜中纪年镜特别多。有纪年又记明是会稽铸造的有如下一些：

黄初二年十一月丁卯朔廿七日癸巳扬州会稽山阴唐豫命作竟③。

黄初四年五月丙午朔十四日会稽师鲍作明竟④。

建安二十二年"师郑豫作明镜"⑤。

黄武五年太师鲍唐作镜。铭文中还刻有"吴国孙王"字样⑥。

黄武五年二月辛未朔六日庚巳"会稽山阴安本里"。

近几年来，在浙江各地又出土了一些纪年神兽镜，如绍兴县出土东汉建安十年造镜，新昌县拔茅大队出土东汉建安二十年造镜，瑞安县丽岙出土建安二十四年五月造镜，浦江县出土三国吴赤乌□年五月造镜，衢县出土东汉建安二十四年造镜、三国吴永安七年五月造镜，金华出土三国吴永安七年九月三日将军杨勋造镜、西晋太康二年九月三日造镜，宁波出土东汉建安七年四月造镜等等。

绍兴上游公社1972年出土一面神兽镜，铭文比较模糊，但尚能辨出"吴郡吴阳"等字样。"吴郡"应指吴县（今江苏省苏州市）。

---

①《越绝书·内经九术第十四》，上海涵芬楼明刊本影印本。

②《史记·越王勾践世家》，中华书局，1987年。

③ 王仲殊：《关于日本三角缘神兽镜的问题》，《考古》1981年4期。

④ 梅原末治：《汉三国六朝纪年镜图说》，桑名文星堂，1943年。

⑤ 梅原末治：《绍兴古镜聚英》第1图，桑名文星堂，1939年。

⑥ 同④。

　　神兽镜的种类颇多，分布也很广，如浙江绍兴、新昌、宁波、浦江、武义，瑞安，安吉，湖北鄂州，江苏南京、江都、泰州、无锡，江西南昌，湖南长沙、浏阳、常德，广东广州，广西金州、贵县，安徽芜湖等地。这些地方在三国时均为吴地。其中有铭文记明生产地点的，除上述会稽山阴（浙江绍兴市）外，还有武昌（湖北鄂州市，镜铭为"武昌元作明镜"）。特别值得注意的是鄂州出土的黄武六年重列神兽镜，在铭文中记明"会稽山阴作师鲍唐"，并云"家在武昌思其少"，这就说明山阴工匠曾到鄂州去作镜。在浙江出土的鲍唐镜，有三国魏黄初四年（223 年）镜（铭文为"……会稽师鲍唐作明镜"）和吴黄武五年（226 年）镜，时间略早于武昌出土的黄武六年镜，因此可知鲍唐迁到武昌作镜的时间，至早应在黄武五年会稽作镜之后，至晚不会晚于黄武六年。

　　神兽镜主要产地可能是以会稽山阴为中心的吴地。此外，东汉时有延熹二年环状乳神兽镜，其上记明"广汉西蜀造作明镜"，延熹三年半圆方枚神兽镜上记明"广汉西蜀作镜"[1]，说明广汉西蜀也是神兽镜的产地之一。在广西贵县也曾发现黄龙元年重列神兽镜，广西全州县发现半圆方枚神兽镜，但未记明铸造地点[2]。陕西西安东郊灞桥和月乾县等地，也出土过东汉末的重列神兽镜，但风格与上述地区出土的神兽镜不一样[3]。洛阳也出过神兽镜[4]，但数量甚少，不能说明是当地铸造的。

　　神兽镜的纹饰题材基本上是反映道家神仙的。但秦汉以前盛行的四神继续存在。《礼记·曲礼上》云："行前朱鸟而后玄武，左青龙而右白虎"。孔颖达疏："朱鸟、玄武、青龙、白虎，四方宿名也。"道教以青龙、白虎、朱雀、玄武作护卫神，以壮威仪。铜镜铭文中常有："左龙右虎避不祥，朱鸟玄武顺阴阳"的句子。而且重列神兽镜上的四神是按方位排列的。以西王母和东王公为题材的画像镜和神兽镜，往往将西王母位于西方，东王公位于东方。神兽镜上天皇与五帝占据了重要位置，和天人感应之说相适应，神与星合为一体，于是镜铭上出现了"上应列宿，下辟不祥"之类的句子，神兽也按照各自所代表的星宿的方位进行排列，形成了重列神兽镜的特殊布局形式。例如天皇，是道教神仙之首，《列仙传》云："观天皇于紫微"，《晋书·天文志·中宫》载：在北极正中有一星，"曰天皇大帝，……主御群灵，执万神图"。所以在重列神兽镜中，天皇与玄武同位于北方。又如五帝，道教称为五城真人，《云笈七签》卷十八《老子中经》云："五城真人，五帝之神名也；东方苍龙，东海君也；南方赤帝，南海君也；西方白帝，西海君也；北方黑帝，北海君也；中央黄帝君也。"除道教神仙图像外，伯牙弹琴的历史人物有时也在神兽镜中出现。有又辟邪、

①　梅原末治：《汉三国六朝纪年镜图说》，桑名文星堂，1943 年。
②　广西壮族自治区文物管理委员会：《广西出土文物》，文物出版社，1978 年。
③　陕西省文物管理委员会：《陕西省出土铜镜》，文物出版社，1959 年。
④　洛阳市文物管理委员会：《洛阳出土古镜》，文物出版社，1959 年。

天禄、巨虚、蜚廉、狮子等。辟邪是似狮带翼的动物。天禄，镜铭中有时作"天秩"，如："巨虚、辟邪除群凶，除子天禄会是中"，"上有辟邪与天秩"。这两则铭文中的"天禄""天秩"有不同的含义，前者是指天职，也就是上天赐给的禄位。后者是神兽名。《后汉书·灵帝纪》曰："（中平三年）复修玉堂殿，铸铜人四，黄钟四，及天禄、虾蟆……"注曰："天禄，兽也。……案今南阳县北有宗资碑，旁有两石兽，镌其膊，一曰天禄，一曰辟邪。据此，天禄、辟邪，并兽名也。"巨虚亦系兽名。蜚廉是长尾有翼的神兽。狮子的形象和三国、两晋时会稽窑青瓷狮子水盂的形象很近似。

（四）

画像镜和神兽镜的浮雕，艺术风格完全不同。

画像镜的纹饰布局，采用四分法，纽座外的主要部位分成四区，每区之间隔以乳钉，花纹讲究对称。如西王母画像镜，西王母和东王公各为一组，是对称的，另两组是车马，也是对称的；神兽镜的神仙分两组，是对称的，青龙、白虎各为一组，也是对称的；伍子胥画像镜，伍子胥为一组，越王、范蠡为一组，两组对称，吴王和王女两人又各为一组，也是对称的。在进行四分法对称处理的同时，讲究突出主题，并且尽量照顾到各组之间的相互呼应，把整个故事情节在画面上连贯了起来。如西王母，东王公跌坐一方，两侧陪衬矮小的侍者，用对比手法突出主题人物——西王母、东王公。又如伍子胥侧首面对吴王自刎，他那种愤慨的表情，不由使人想起当吴王赐剑逼伍子胥自杀时，伍子胥讲过的话："我令而父霸，我又立若，若初欲分吴国半予我，我不受，已，今若反以谗诛我。嗟呼，嗟呼，一人固不能独立"，"必取吾眼置吴东门，以观越兵入也。"[1] 表现技法采用斜剔法平面浅浮雕，这是东汉画像石刻通常采用的手法，颇具装饰趣味。画像镜是汉镜的尾声，却给人以"曲中奏雅"的强烈感受，也如夕阳反照，显得分外灿烂。

神兽镜纹饰的布局大致可分为求心式（即作环状布置）、对置式（即采用四分法）、同向式（即神兽作同一方向布置）和重列式（或称阶段式，即神兽排列成上下数重）等几类。在构图上，既注意到互相呼应，也注意到了各个神兽动态的协调和谐。在主要位置上安排主神，次要位置上则安排侍者或群仙。铸造采用圆面浮雕技法。如果说，画像镜的平面浅浮雕是以装饰趣味见长的话，那么，圆面浮雕则是以立体感和真实感取胜了。

无论是画像镜还是神兽镜，在中国铜镜发展史上都是独创一格的。众所周知，艺术

---

① 《史记·越王勾践世家》，中华书局，1987 年。

风格的形成，正是艺术品成熟的标志，因为它要求题材、主题、形象、结构、技法等方面都具有特色，而又有机地融合在一起。在画像镜产生以前，已有"上有仙人不知老，渴饮玉泉饥食枣，浮游天下遨四海……"之类的铭文，可是明确把西王母、东王公作为主题纹饰，却是首先见于画像镜；把一个完整的历史故事作为纹饰的题材，也是画像镜开创的先例。尽管上述题材在东汉画像石墓中屡见不鲜。

顺便要提及的是日本出土的三角缘神兽镜。日本许多考古学家把日本的古坟（主要是公元 4 世纪前期的古坟）中出土的三角缘神兽镜，认作是中国传入的"舶载镜"。王仲殊在《考古》1981 年第 4 期发表了《关于日本三角缘神兽镜的问题》一文，文中作了详尽的论述。其中有一段结论性的见解："三角缘神兽镜的确具有中国镜的各种基本特征。与日本的仿制镜大不相同。因此，在目前，我只能提出这样的一种推测：三角缘神兽镜是东渡的中国工匠在日本制造的。"在谈到日本三角缘神兽镜与中国镜相同处的时候，王仲殊说："如果有人说，日本的三角缘神兽镜是中国画像镜的外区（包括镜缘）与神兽镜的内区相结合，那是很容易使人发生同感的。"

1981 年底，王仲殊文章发表后不久，日本同志社大学铃木重治先生率领"第二次关西青年考古学研究者友好访中团"来杭时，曾征求过笔者对日本三角缘神兽镜的意见。现在趁改写《浙江出土铜镜选集》序言的机会，谈一点粗浅的感想。

日本出土的三角缘神兽镜，以神仙和神兽为主要题材，这与浙江出土的神兽镜是相同的。从秦汉以来，中国的道家、阴阳五行以及谶纬思想对日本有一定影响，所以神兽镜的题材也是适应当时日本民众心理的。但就作镜的时间来说，日本的三角缘神兽镜主要出土于公元 4 世纪前期的古坟中，似乎比中国盛行于东汉晚期和三国神兽镜稍晚一点。镜背最明显的差别是外区镜缘的装饰：前者镜缘断面呈三角形，外区饰有锯齿纹带、复线波浪纹带、栉齿纹带，有的连同铭文在内，从直径计算，占据了铜镜面积二分之一，后者大多是平缘的，少数略似三角缘，有的也装饰锯齿纹或栉齿纹，但多数是一周，没有见到像日本三角缘神兽镜那样饰有二至三周锯齿纹带、再加上复线波浪纹带和栉齿纹带的。浙江出土的画像镜，镜缘断面较多呈不等腰三角形，少数呈等腰三角形，外区饰有一至二周锯齿纹带，加上复线波浪纹带和栉齿纹带，与日本出土的三角缘神兽镜的镜缘形式及外区纹饰比较接近，但是所占据的面积，包括铭文带在内，以直径计算，没有达到铜镜面积二分之一的，至多三分之一强。日本铜镜面积较大，因为这个缘故，加宽了外区，装饰了较多的锯齿纹带、复线波浪纹带和栉齿纹带。

再就内区纹饰来比较，日本出土的三角缘神兽镜与浙江出土的神兽镜最明显的差别是前者往往有"笠松形"图样，后者没有。据日本学者研究，这种"笠松形"图样，是由旌演变而来的①。

《说文》：旌，幢也。幢是什么，曾在学术界引起过争论②。中国古代所谓的幢，至少有如下两类：

一类是中国固有的。如《汉书》韩延寿传："延寿在东郡时，试骑士，……驾四马，傅总，建幢棨，植羽葆……"注云："幢·旌幢也，师古曰：幢·麾也。"③ 这种形象在沂南画像石墓中刻画得很具体，是树在车上的，竿上有几层流苏，随风飘扬④。

一类是佛教的幢。以《佛教大辞典》解释得最清楚："幢（物名），梵名驮缚若，又曰计都，译曰幢。为竿高出，以种种丝帛庄严者，借表麾众生，制魔众，而于佛前建之。或于幢上置如意宝珠，号之与愿印，宝生如来或地藏菩萨之三昧耶形也。"⑤ 这种幢的形式，在敦煌千佛洞壁画中有二例，即盛唐217窟及中唐31窟，都是在一根直竿上装置丝织品做成的圆形伞盖状物，每幢三层，并缀有丝带，竿顶作宝珠状。第31窟所画的幢，在竿下有一个十字形的木座。

日本三角缘神兽镜中的所谓"笠松形"纹样，在王仲殊文中所附的二例，下部都作圆轮状。如前所述，这种圆轮，在绍兴出土的东汉神兽镜中时有所见，而且都曳着飘起的长帛，其上有的载兽，有的载神，圆轮底下有的饰以流云，犹如在空中飞驰，这种圆轮可能代表车轮，因为绍兴出土的车马画像镜，车轮后面都曳着长帛。郭璞《山海经图赞·奇肱国赞》云："妙哉工巧，奇肱之人！因风构思，制为车轮。"《博物志》也云：奇肱人"能为飞车，从风远行"。镜铭中有"朱鸟玄武师子翔"，"白虎引兮直上天"之句，镜背纹饰中也有狮子或白虎立在圆轮上飞翔的图案，与镜铭合。这个推论如能成立，所谓"笠松形"可能是沂南画像石车上的那种幢。但是三角缘神兽镜中另有一种"笠松形"，座子用花瓣形底足，敦煌第31窟所画的幢为十字形底足，所以从使用底足这点来说，两者有相似之处。

韩延寿传中所说的"幢棨"，是古代官吏所用的仪仗之一，出行前作为前导，这与佛教的幢相比，形式相似，用途不同。印度佛教使用的幢，在译成汉文时，是从中国固有的幢中找到的译名。三角缘神兽镜中的神仙是不存在的，因此只能从现实生活中寻找模特儿，然后加上飞升的翅膀，就是神仙的形象；同样，为了表现神的尊严，借用官吏的仪仗也是很自然的，这大概便是日本三角缘神兽镜中出现所谓"笠松形"纹样（实际是幢）的原因。至于佛教使用的幢，最早是用竿加丝帛制成的，究竟始于何时，没

---

① 王仲殊：《关于日本三角缘神兽镜的问题》，《考古》1981年4期。
② 陈明达：《石幢辩》，《文物》1960年2期。
③ 《汉书·韩延寿传》，中华书局，1987年。
④ 曾昭燏等合著：《沂南古画像石墓发掘报告》，文化部文物管理局，1956年。
⑤ 1934年上海佛学书局印行《实用佛学辞典》第1669页。

有足够的资料可供考证，中国现存的石幢，则始自唐代。佛教的幢与佛教的历史有关。据高观如《中国佛教》一文考证，梁普通三年（522 年），中国江南渡日以制鞍为业的汉人司马达等人，在日本大和坂田原设立草堂，崇信佛教①。然而，不知道日本究竟何时出现佛教的经幢，所以"笠松形"纹样是否与佛教的幢有关尚难断言。况且佛教传入伊始，不可能立即从装饰艺术中清楚地反映出来，在中国也只见到个别神兽镜的神像上有佛、菩萨通常所饰的头光。

另外，日本出土的三角缘神兽镜铭文，有些也是浙江出土铜镜中没有见到的，如"铜出徐州"、"师出洛阳"。据王仲殊云，仅见辽阳三道壕魏晋墓中，出土过一枚方枚规矩镜，其铭文是"吾作大镜真是好，同（铜）出徐州（清）且明兮"。中国各个时期的铜镜铭文，都具有明显的时代特点，而同一时期的铜镜铭文，则往往互相抄录，拼凑而成。如果说，有"铜出徐州"、"师出洛阳"铭文的三角缘神兽镜，是中国工匠到日本后铸造的，那么，上述铭文应是东渡工匠所拟，铭文内容应有所据。事实上，有上述铭文的三角缘神兽镜，在日本出土并不多。是否可理解为"铜出徐州、师出洛阳"的情况也并不多呢？如果是这样，"铜出徐州、师出洛阳"应不是不可能的。

日本出土的三角缘神兽镜，与浙江等地出土的神兽镜，经仔细比较，还可以找到别的差异。如日本三角缘神兽镜中，有"陈氏作镜"神兽车马镜，典型地把浙江出土铜镜中常见的神兽镜与车马画像镜的纹饰结合在一起了，而这种结合在浙江古代铜镜中是没有的。又，上述"陈氏作镜"的铭文，每字之间隔以乳丁，这种装饰形式在浙江古代铜镜中也属罕见。

此外，又如浙江出土的半圆方枚神兽镜中的方枚几乎都有外框，而日本出土的三角缘神兽镜中，有的方枚并无外框。

日本出土的三角缘神兽镜，有如下的铭文，"吾作明竟真大好，浮由（游）天下（敖）四海，用青铜至海东"。日本位于中国吴地的东部，所谓"海东"，很可能指的是日本。如日本出土的三角缘神兽镜，是当年中国工匠到日本去铸造的，这些工匠应主要来自吴地。至于三角缘神兽镜与浙江出土神兽镜的许多差异之处，并不难解释，因为铜镜本来就没有固定的形式。一个时期、一个地方的产品，在继承前期式样的同时，往往有所创新。即是同一个时期互相模仿，也不一定是一模一样的。中国工匠到日本铸造铜镜，一方面采用过去所熟悉的各种铜镜纹样，另一方面，还要根据日本民众的习俗而重新设计开模，同时也会有日本工匠仿照中国铜镜进行铸造。

---

① 高观如：《中日佛教关系》，《中国佛教》第一辑，中国佛教协会编，知识出版社出版。但日本木宫泰彦《日中文化交流史》第四章第三节认为：司马达等是雄居天皇时移居日本的鞍部的子孙。

三 湖州铜镜

北宋靖康二年（1127年），金兵大举南下，徽宗、钦宗被俘，北宋灭亡。赵构即位后，采取不抵抗政策，使北部的大片土地相继沦落在金统治者手中。"四方之民，云集两浙，百倍常时"①。起居舍人兼权给事中凌景夏言："切见临安府自累经兵火之后，户口所存，裁十二三，而西北人以驻跸之地，辐辏骈集，数倍土著。"② 临安府以外的湖州、越州、衢州、婺州等地，也集中了来自北方的大量民众。两浙人口在南渡前的崇宁元年（1102年）为370多万人，到南宋绍兴三十二年（1162年）就达到430多万人③，六十年间增加近60万人。

随着人口的南迁，经济重心南移。在农业发展的基础上，手工业也空前发展起来，丝织、制瓷、印刷、冶炼、造纸等行业，不仅规模扩大了，技术也超过前代。湖州、饶州、临安府等地所产的镜子闻名全国。

南宋铜镜，有官府铸造的，也有私家作坊所铸。以浙江发现的铜镜为例，官家铸造的，如"湖州铸鉴局"造④，"临安府小作院监造官王宝"镜⑤，"婺州官铸造监"⑥等；私家作坊，以湖州镜发现得最多，此外还有"杭州真石大叔青铜照子"⑦，"杭州钟家青铜照子今在越州清道桥下岸向西开张"⑧，"越州徐家铜照子"⑨，"越州戴家青铜照子"⑩，"婺州承父李□二郎炼铜照子"⑪，"临安王家"造铜镜⑫等。

（一）

南宋湖州镜几乎都没有花纹，仅在镜背刻铸作坊主姓名等内容，这种招牌式的镜铭，是南宋私家铸镜的特点。形状有方形、圆形、心形、葵花形和带柄葵花形。早期质地比较厚实。诸暨发现一枚"湖州真石念二叔照子"，直径达28.5厘米。该县又发现一枚置于漆盒内的"湖州真石家炼铜照子"，漆盒的形状与镜子完全相同，大小适当，

---

① 《建炎以来系年要录》卷一五八。
② 《建炎以来系年要录》卷一七三。
③ 《宋史·地理志》，中华书局，1977年。
④ 见梁上椿《岩窟藏镜》，大业印刷局育华印刷所，1935年。
⑤ 天台县文管会藏镜。
⑥ 金华地区文管会藏镜。
⑦ 诸暨县文管会藏镜。
⑧ 新昌县文管会藏镜。
⑨ 同⑦。
⑩ 宁波市文管会藏镜。
⑪ 武义县文管会藏镜。
⑫ 四川省博物馆、重庆市博物馆：《四川省出土铜镜》第66图，文物出版社，1960年。

并绘有极其精美的花纹①。

南宋湖州私家铜镜作坊的业主姓名，从镜铭中见到的有：石家、石小二哥、石二郎、石三、石十郎、石十二郎、石十三郎、石十五郎、石十五叔、石十八郎、石念二郎、石念二叔、石念四郎、石家念五郎、石三十郎、石四十郎、石六十郎等。除石姓外，湖州还有李家、徐家、蒋家、石道人等所作铜镜。宋代男子称某某郎，妇女称某某娘，"郎"前面的数字大概是同宗同辈按长幼次序排行的。

南宋湖州石家作镜多为子继父业、世代传艺。这不仅从上述众多的石家名号中看得很清楚，还可以从镜铭中直接找到实例：四川省温江发现有"湖州祖业真石家炼铜镜"；浙江省萧山县曾出土"湖州石十五郎男四十郎炼铜照子"，浙江金华曾发现"湖州石念二叔男十八郎照子"；浙江武义曾发现"湖州承父石家十二郎照子"。石家十五郎和石念二叔都是铸镜名家，所以子孙开设镜铺用父名标榜以招揽生意。"承父"就是继承"父业"的意思，上述"婺州承父李□二郎炼铜照子"，可作为旁证。因为有名牌店铺的存在，必然有人要冒牌，所以在名号上往往冠以"真"或"真正"的字样，有的还标明价格。

石家和石三的镜铺在湖州仪凤桥附近，有三枚镜子可资佐证："湖州仪凤桥石家真正一色青铜镜"②，"湖州仪凤桥南酒楼相对石三真青铜照子"③，"湖州仪凤桥南石三郎青铜镜，门前银牌为号"④。据嘉泰《吴兴志》载："仪凤桥在湖州府治西南，唐仪凤中置，因年号名也。宋天圣三年知州事高慎重建。判官郑戡记云：建自唐室，因纪年而名，平袤数十寻，丛倚百余柱，亘于两溪，殊为胜概。绍熙三年，居民遗火延燎，随即建造，易名绍熙。旧有画栋朱栏，与骆驼桥华焕相望。今纯以石。"仪凤桥在南宋时为闹市区，所以造得很讲究。桥墩上刻有"绍熙四年九月初六日朝请郎知湖州军事赵充夫建。"1956年曾发现在桥边河床旁的泥土里，有许多铜渣屑，可能与古代铸镜有关。

湖州镜的产量很高，销路甚广。在浙江，杭嘉湖和宁绍平原，东海之滨的台州、温州，浙西南的金华山区，都发现湖州镜；远在江西、湖南、湖北、四川、广州、福建、内蒙，吉林、黑龙江也都发现有湖州镜。北方发现的湖州镜中，有的可能是金兵掳掠江南财物时抢去的。

---

① 墓中出有墓志，墓主人系右武大夫福建路兵马铃辖之女，淳熙八年六月死，七月葬于诸暨县陶朱乡。
② 参见拙作《谈谈湖州镜》附图二，《文物参考资料》1958年6期。
③ 参见拙作《试谈中国铜镜纹饰的发展》附图十，《文物参考资料》1957年8期。
④ 诸暨高湖寿家山出土，诸暨县文管会藏。

（二）

湖州镜始于北宋晚期，盛行于南宋初期和中期，从下列一些纪年墓中出土湖州镜的情况可以反映出来：

浙江衢州市清水公社北宋建中靖国元年（1101 年）蔡汉模墓出土"湖州真石家念二叔照子"；

浙江新昌南门外绍兴二十九年（1159 年）墓出土"湖州石十五郎炼铜照子"①；

浙江杭州老和山绍兴年间墓出土"湖州石十五郎真炼铜照子"②，

四川温江约当绍兴年间窖藏出土"湖州祖业真石家炼铜镜"③；

浙江新昌新溪乾道五年（1169 年）墓出土"湖州真石家念二叔照子"④；

浙江新昌新溪淳熙元年（1174 年）墓出土"湖州真石家念二叔照子"⑤；

浙江天台县红旗公社淳熙四年（1177 年）墓出土"湖州李十郎炼铜照子"；

四川成都淳熙九年（1182 年）墓出土"湖州真石家念二叔照子"⑥；

浙江诸暨县庆元六年（1200 年）墓出土"真正石家炼铜照子"⑦；

浙江金华白沙嘉泰三年（1203 年）墓出土"湖州真正石家炼铜照子"⑧；

诸暨陶朱乡嘉定元年（1208 年）墓出土"湖州石家青铜照子"⑨；

湖北武昌卓刀泉嘉定六年（1213 年）墓出土"湖州真正石家无比炼铜照子"⑩。

制造这些铜镜的年代要早于纪年墓葬，是毫无疑问的，有的可能比墓葬的年代早得多。以上都是私家铸造的铜镜。

南宋私家和官府铸镜，都与当时的钱荒有密切关系。宋朝海外贸易，虽规定输出品以绢帛、锦绮、瓷器和漆器为主，但大量的铜钱仍随之外流。"自熙宁七年颁行新敕，删去旧条，削除钱禁，从此边关重车而出（流往辽边），海舶饱载而回（流往海外）……又自废罢钱禁，民间销毁无复可办。销熔十钱得精铜一两，造作器用，获利五

---

① 墓砖上有"绍兴己卯"年题记。

② 《谈杭州老和山宋墓出土漆器》，《文物参考资料》1957 年 7 期。

③ 《四川温江发现宋代窖藏》，同时出土的钱币，时代最迟的是"正隆元宝"。正隆为金的年号，始于 1156 年，相当于南宋绍兴二十六年。

④ 墓中出土墓志，墓主人卢遹，死于淳熙元年。

⑤ 墓中出土墓志，墓主人季氏，死于乾道己丑年。

⑥ 四川省博物馆、重庆市博物馆：《四川省出土铜镜》图 48，文物出版社，1960 年。

⑦ 诸暨县文管会藏镜。

⑧ 金华地区文管会藏镜。

⑨ 墓中出土墓志，墓主人潘好恭，字安叔，嘉泰三年五月死，同年十月葬。

⑩ 湖北省文物管理委员会：《武昌卓刀泉两座南宋墓葬的清理》，《考古》1964 年 5 期。

倍"①。与此同时，当时的采矿也有问题。"靖康元年，诸路坑冶苗矿既微，或旧有今无。……南渡，坑冶兴废不常，岁入多寡不同。……潼川、湖南、利州、广东、浙东、广西、江东西、福建铜冶一百九，废者四十五"②。因此，在北宋晚期已经造成了严重的钱荒。南渡之后，宋高宗曾屡次下诏禁止钱币外流，但事实上不生效。于是公私交易和军政开支，便不能不仰给于纸币。南宋政府在临安府设有专管印造纸币的机关，叫做"行在会子务"。另外还有"川引"、"淮交"、"和会"，是限制在特定地区使用的纸币，"钞引"是商人输纳现金给政府，政府发与商人批发茶、盐、香货的凭证。可是政府没有足够的铜钱作为兑换纸币的本钱，而纸币却大量地印造，结果币值便不能不日益跌落。富人拼命收藏金银和铜钱。1971 年，绍兴袍渎发现一处南宋窖藏铜钱一千八百余斤。这种窖藏铜钱的情况，在其他地方也有发现。铜钱不仅大量被窖藏起来，而且源源不断地外流。官府铸钱，原料缺乏，遂搜刮民间铜器，熔铜铸钱。与此相反，民间需要铜器，商人则销熔铜钱来铸造。

南宋官府想要摆脱钱荒的困境，于绍兴六年"诏民私铸铜器徒二年"。既言"私铸"者要判刑，大概经过批准是可以的。根据《宋史》卷一八〇《食货志·钱币》记载："庆元三年复禁铜器，期两月鬻于官，每两三十。湖州旧鬻监，至是官自铸之"。从发现的铜镜看，湖州铸鉴局于乾道四年（1168 年）、七年（1171 年）、八年（1172年），都铸造过铜镜。天台县文物管理委员会藏有一枚湖州官府铸造的铜镜，铭文记明"湖州铸鉴局乾道七年铸铜监（押），铸造工匠石八乙"，说明铸鉴局设有工匠。《宋史》所言"湖州旧鬻监"，应该指的是民间铸造的铜器卖给政府。这里的"监"是指管理这方面的机关，并非指镜（"监"通"鉴"）。如果是这样，说明湖州私家铸造的铜镜，曾一度卖给官府，由官府统一购销。但事实上，这条政令能否贯彻始终，或者执行多久，都是很成问题的。

值得注意的是，有些铜镜上标明价格，如"湖州真正石家炼钢镜子"，"炼铜照子每两六十文"③，"湖州真石三十郎家照子"，"无比炼铜每两一百文"④，"湖州石家炼铜照子"，"炼铜每两一百"⑤。由此可知，南宋时镜子是按重量计价的。官府收罗民间铜器，当然不会按照市场的价格支付。湖州石家镜子，每两六十文，正好是庆元三年规定官价收购每两三十文的一倍。诸暨县庆元六年墓曾出土"湖州真正石家炼铜照子"，说明庆元六年前石家确已铸造镜子。当然，每两六十文的那枚石家所铸的镜子，其时代应

---

① 《宋史·食货志》，中华书局，1977 年。

② 同①。

③ 参见拙作《谈谈湖州镜》附图二，《文物参考资料》1958 年 6 期。

④ 周世荣：《略谈长沙的五代两宋墓》，《文物》1960 年 3 期。

⑤ 四川省博物馆、重庆市博物馆：《四川省出土铜镜》图 55，文物出版社，1960 年。

在绍熙元年之前（详下节），即使这样，绍熙元年（1190 年）比庆元三年（1197 年）不过早七八年时间，况且镜子上铸明价格，说明铸这枚镜子的那几年，物价是相对稳定的。据《金史》卷四十八《食货三·钱币》载："旧有铜器悉送官，给其值之半。"看来，这个制度当时南宋与金是相似的。

南宋湖州铜镜背面刻铸的铭文，对铜镜的称呼不一，或称"镜"，如"湖州祖业石家炼铜镜"、"湖州仪凤桥石家真正一色青铜镜"；或称"监子"，如"湖州石十三郎自照青铜监子"；或"镜子"、"照子"并称，如上所述"湖州真正石家炼铜镜子"、"炼钢照子每两六十文"，但这种实例不多。南宋湖州镜大多称"照子"，这是因为宋人避讳甚严。南宋人洪迈云："本朝尚文之习大盛，故礼官讨论，每欲其多，庙讳遂有五十字者。举场试卷，小涉疑似，士人辄不敢用；一或犯之，往往暗行黜落。方州科举尤甚，此风殆不可革。"①《宋史》载："（绍兴）三十二年正月，礼部、太常寺言：'钦宗祔庙，翼祖当迁……所有以后翼祖皇帝讳，依礼不讳。'诏恭依。"② 赵匡胤之祖"敬"，因避"镜"讳，改为"监子"或"照子"，按绍兴三十二年的规定可以不避此讳。但到了"绍熙元年四月，诏今后臣庶命名，并不许犯祧正讳，如名字见有犯者，并合改易"。朝廷规定不避讳，而民间依旧避讳，是可以理解的；反之，朝廷规定要避讳，民间绝不敢不避，何况刻铸在公开出售的铜镜上。因此可以认为，凡是刻铸"镜子"字样的湖州镜，其时代应该在绍兴三十二年（1162 年）朝廷规定"敬"字不避讳之后、绍熙元年（1190 年）重新颁布应避讳之前。同一镜上铸"镜子"，又铸"照子"，也应该是这个时期的产品。

据南宋嘉泰《吴兴志》载："官禁铜，镜渐难得，工价廉，器亦不逮昔。"嘉泰仅四年。嘉泰元年（1201 年）距庆元三年（1198 年）只有四年。由此可见，嘉泰《吴兴志》所云"官禁铜"，应该指上节所引庆元三年的一次铜禁。金华发现一枚"湖州真正石家青铜照子"，质地粗劣轻薄，可能就是庆元铜禁以后的产品。

另外，沈从文《唐宋铜镜》第七十八图"湖州造凫衔瑞草镜"，铭文第一字为"石"字，以下几字图片不清。这枚镜子，从风格上判断，应是北宋时的产物。如果断代无误，说明北宋时湖州石家已生产精美的镜子；当然，这个"石家"，与南宋湖州镜的"石家"是否同为一家，目前还难以断言。

（三）

明、清时期，湖州镜再度崛起。成化《湖州府志》云："郡中工人铸镜最得法，世

---

① 洪迈：《容斋三笔》十一，上海古籍出版社，1978 年。
② 《宋史·礼志》，中华书局，1977 年。

称湖州镜。"

明代湖州镜以薛氏所造最著名。谢肇淛《西吴枝乘》云："镜亦以吴兴为良，范金固不殊，其水清冽，能发光也，最知名者薛氏（据明版）。"谢肇淛是福州长乐人，字在杭，明万历进士，除湖州推官，累迁工部郎中。上述这条记载的时间，应该是谢肇淛任湖州推官之后（约万历二十年）、《西吴枝乘》成书之前（约万历三十六年）。另外，《翠声遗诗》中明人陆贤《西吴竹枝词》自注云："案：薛，杭人也，而家于湖州。"明人刘沂春编的《乌程县志》也说："湖之薛镜驰名。薛，杭人，而业于湖，以磨镜必用湖水为佳。"①

金华县文物管理委员会藏有一枚翻砂东汉车马画像镜，其上加铸"薛家造"三字；翻砂西汉四乳四螭镜，其上加铸"薛店包换青铜镜"；翻砂东汉早期八乳八禽规矩镜，其上加铸"石泉春泉记"；仿东汉早期规矩镜，其上加铸"大渊造"；仿东汉早期七乳七禽镜，其上加铸"薛思溪造"。嵊县文物管理委员会藏有翻砂东汉车马画像镜，加铸"薛岐山造"，类似的实例是很多的。其中薛姓所作，有些可能是明代湖州薛家作坊的产品。至于非翻砂古镜也有出于薛氏作坊的，如嵊县文物管理委员会所藏带柄镜，铭文为"湖州薛造"四字。罗振玉说："予藏一镜，铜质花纹一见而知为六朝以前物，而妄凿'隆庆伍年中秋日造'八字"。他认为是明代人"取古镜加刻明代年号者"②。从大量出土铜镜看，尚未发现有明人取古镜加刻明代年号的实例，而翻铸古镜的实例则甚多，估计罗氏所藏的那枚铜镜，可能也是翻砂的。

湖州薛氏作镜数量最多、质地最好的是薛惠公所造。从出土的实物看，以方形镜居多，镜背铸四言铭文，并落款，如："既虚其中，亦方其外。一尘不染，万物皆备。湖州薛惠公造。""如日之精，如月之明，水天一色，犀照群伦。苕溪薛惠公造。""金精玉英，日光月彩，仁寿扬辉，照临四海。薛惠公造。"尚有带柄圆镜，背面中间刻铸双"喜"字，周饰蝙蝠纹，下方刻铸"湖州薛惠公造"。过去宁波市文物商店有一件铜香炉，底部铸有薛惠公造的字样，说明薛氏作坊不是单一的铸镜作坊。

光绪《乌程县志》卷二十九载："薛，名晋侯，字惠公，向时称薛惠公老店，在府治南宣化坊。近年玻璃镜盛行，薛镜久不复铸矣。"乌程戴璐《吴兴诗话》有一段生动的描述："薛镜为苕溪独产。杭堇浦……云：尘海何日不毁方，苦心良治见锋芒。辉煌素璧真无斁，较量元珪惜少光。巧制薛家笼玳匣，新磨苕水汲银塘。……苕娘苕子纷投赠，携向红楼镇日张。……申笏珊（甫）和云：祥金跃治赋形方，出匣应腾四照芒。肝胆棱棱增壮气，须眉历历有余光。霜明鸳瓦临高阁，日射坚冰裂浅

---

① 光绪《乌程县志·物产》。

② 罗振玉：《镜话》，见《辽居杂著》。

塘。尽爱薛家新制好，碧湖春浪片帆张。"从诗意中可以看出，指的是薛惠公制造的方镜①。戴璐是归安（今湖州）人，乾隆三十八年进士，他写《吴兴诗话》是在嘉庆元年。由此可见，薛惠公老店制造方镜的时间应该在乾隆年间。阮葵生《茶余客话》云："陆子刚治玉，鲍天成治犀，朱碧山治银，濮谦治竹。……及近时，吴兴薛晋侯铜镜……皆名闻朝野。"②阮葵生生于雍正五年（1727年），死于乾隆五十四年（1789年）③，证明薛惠公铸镜"名闻朝野"的时间是在乾隆时期。当时湖镜曾作为贡品向朝廷进贡，"相沿已久，历年所积，宫中存贮者甚多。"所以在嘉庆十九年二月诏免"浙江岁贡嘉炉湖镜"④。

特别要提到的是，在浙江常见的"薛怀泉造"铜镜，过去被误认为是湖州镜。苏州虎丘明王晋爵墓出土铜镜一枚，镜铭为："象君之明，日升月恒；拟君之寿，天长地久"，"万历辛卯开化县置"，"薛怀泉造"，从而纠正了过去的错误⑤。

四 关于镜铭的若干问题

在中国古代铜镜发展的历史长河中，由于各个历史时期社会思想意识的变化，文学的发展和书体的演变，铜镜铭文曾发生过四次大的变革，这就是：战国至西汉中叶、西汉末至东汉、隋唐、两宋四个阶段。

（一）

铜镜铭文始自战国，到西汉早、中期比较普遍。从西汉晚期到东汉末，铭文空前盛行，书体也由原来的篆体或隶中带篆，演变到成熟隶书。三国、两晋的铭文，只是沿袭东汉，并无新意。

战国至西汉早、中期镜铭的内容，大体上可归纳为三个方面：一是祝愿性质的吉祥语；二是长相思，毋相忘；三是形容镜子的明亮，有时也联系一些祝愿的吉祥语。如：

（1）祝愿高官，位至三公，金钱满堂；

（2）祝愿延年益寿，多子多孙，长乐未央；

（3）长相思，毋相忘；

（4）见日之光，天下大明；

（5）内清质以昭明，光辉象夫日月；

① 乌程戴璐（蒜塘）：《吴兴诗话》卷十四。
② 阮葵生：《茶余客话》卷二十，丛书集成本，中华书局，1960年。
③ 吴海林、李延沛：《中国历史人物生卒年表》，黑龙江人民出版社，1981年。
④ 《浙江通志稿》。
⑤ 《苏州虎丘王锡爵墓清理纪略》，《文物》1975年3期。

（6）冶炼铜镜清且明。

这些流行的镜铭，反映了当时的社会现实。下面试就这些问题，略作如下分析：

1. 祝愿高官厚禄的铭文有："君宜高官，位至公卿"；"君宜高官，位至三公，大利"；"君宜官秩"；"君宜官位"等。这和当时军吏授爵、保举郎官、以及举贤良方正等是有密切关系的。

据史书记载，汉高祖五年（前202年），先后颁布诏令，一方面归还了旧地主的爵位和田宅，另方面又规定了军吏授爵制度。为了让更多的地主进入政权机构，规定二千石以上的官吏，任满三年可以保举弟子一人为郎官。其余除有市籍的商人外，凡向政府缴纳一定数目赏财者，均可到长安等候选用。或由公卿大臣辟召，到中央政府做官。当时还有令郡国"举贤良方正"的措施。大批地主想进入政权机构，朝廷也正需要吸收更多的人进入官僚机构。这样的社会现实，在人们的意识中必然有所反映，"君宜官秩"，"宜大官秩"就是这种意识在镜铭中的反映。

2. 关于"长相思"有两种内容。除表达一般男女之情外，另一种如："君有行，妾有尤（忧），行有日，反（返）无期，愿君强饭多勉之，卬（仰）天大息，长相思，毋久（文未完）。""君行卒，予志悲，久不见，侍前希（希，即稀）。"反映了当时劳动人民被迫离家服役的痛苦。

战国时的纷争使劳动人民备受服兵役之苦自不必言；秦始皇建阿房宫，造骊山大墓，动用了大批民工；蒙恬进兵匈奴，暴兵露师十余年，死者不可胜数；对百越战争长达七八年之久，出动几十万大军，大批人被征召去运军需，这些人被驱使奴役，从事繁重的劳役死者不计其数。当时流传着这样一首歌谣："生男慎莫举，生女哺用脯。君独不见长城下，死人骸骨相撑柱！"① 西汉初虽然采取了"休养生息"的政策，但以后长期的征伐，无数丁男入伍，上述镜铭"君行卒，予志悲"（"卒"可泛指差役，"志"，《诗·关雎序》："在心为志"），是因为"行有日，返无期"。《小校经阁金石文字》中也有"昔同起，予志悲，道路远，侍前希"②，也是这个意思。待到"秋风起"③ 的时候离愁更加难以排遣。

这些镜铭很容易使人联想起汉代乐府民歌："十五从军行，八十始得归，道逢乡里人：'家中有阿谁'？'遥望是君家，松柏冢累累'。兔从狗窦入，雉从梁上飞。中庭生旅谷，井上生旅葵。春谷持作饭，采葵持作羹。羹饭一时熟，不知贻阿谁。出门东向望，泪落沾我衣。"（《十五从军行》）

---

① 陈琳：《饮马长城窟行》，转引自游国恩等主编《中国文学史》，人民文学出版社出版，1979年。
② 刘体智：《小校经阁金石文字》卷十五，1935年。
③ 镜铭："秋风起，予志悲，久不见，侍前希。"

"秋风萧萧愁杀人，出亦愁，入亦愁。座中何人，谁不怀忧？令我白头！胡地多飙风，树木何修修。离家日趋远，衣带日趋缓。心思不能言，肠中车轮转"。（《古歌》）诗中提到"胡地"，显然与战争有关。征夫《欲归家无人》，只能"悲歌可以当泣，远望可以当归"（《悲歌》），这正是镜铭"久不见，侍前稀（通稀），君行卒，予志悲"的最好注释。

因此，镜铭中的"相思"，不单纯是男女间爱情的表现，而是反映了更为深刻的社会内容。古代还流传着一个著名的"破镜重圆"的故事。相传南朝陈将亡时，驸马徐德言恐与妻子乐昌公主离散，因破一铜镜，各执一半，为异日重见时的凭证，并约定正月十五卖镜于市，以相探讯。陈亡，乐昌公主为杨素所有。徐德言至京城，正月十五遇一人叫卖破镜，与所藏半镜相合，遂题诗云："镜与人俱去，镜归人不归；无复嫦娥影，空留明月辉。"公主见诗，悲泣不食。杨素知之，使公主与德言重新团圆，偕归江南终老①。洛阳烧沟第三期后期（王莽及其稍后）的墓 38A、B 的两个棺内各放半枚残镜，两个残镜合起来是一枚铜镜。此墓为同穴异室②，很可能是夫妻合葬墓。墓主也许有着乐昌公主夫妇同样的经历。用镜子表示爱情、互相赠送的习俗，到唐代更为盛行。

（二）

西汉晚期至东汉末的镜铭，除了一部分是沿用前期铭文以外，还流行着下述一些内容：

（1）"上有仙人不知老"，仙人"王子乔"、"西王母、东王公"。

（2）"胡虏殄灭天下复，多贺国家人民息，风调时节五谷熟。"

（3）"左龙右虎掌四方，朱雀玄武顺阴阳"，"辟不祥"。

（4）"宜子孙，寿万年，家有五马千头羊。"

（5）"圣人周公、鲁孔子，作吏高迁车生耳。郡举孝廉、州博士，少不努力老乃悔。"

（6）吴王、伍子胥、越王、范蠡。

（7）"尚方作镜真大好。"

（8）"新有善铜出丹阳，和以银锡清且明。"

（9）"吾作明镜，幽涷三商，雕刻无极，配象万疆。"

在这一节里，有几点是值得注意的：

1. 关于"上有仙人不知老，渴饮玉泉饥食枣，浮游天下遨四海"的镜铭。秦汉以

---

① 洛阳地区考古发掘队：《洛阳烧沟汉墓》，科学出版社，1959 年。
② 孟棨：《本事诗·感情》。

来，神仙之说流行。西汉末至东汉初，谶纬之说又成了唯心主义神学的主导思想，图谶、纬书，内容庞杂，以阴阳五行思想为中心，把寓言和神话交织渗入儒家经典之中。东汉时，会稽上虞人魏伯阳著《参同契》，一书，其中讲到内修精气，服食丹药，可使"老翁返丁壮"，"寿命得长久"，进而"御白鹤兮驾龙鳞，游太虚兮谒仙君"，这类思想对于流行在会稽一带的铜镜铭文颇有影响。

2. 镜铭中大量出现的"胡虏殄灭天下复"，或"胡羌除灭天下复"，反映了当时的社会阶级斗争。因为历史上的民族斗争，实际是阶级斗争的一种表现，是一个民族的统治阶级，掠夺和压迫另一个民族，并且使本民族的人民也遭受灾难。所谓"胡"，是中国古代对北方和西方各族的泛称，"虏"是对敌方的蔑称，如曹操《至广陵于马上作》诗："不战屈敌虏。"早在公元前3世纪到2世纪，匈奴奴隶主时常发动掠夺战争。东汉明帝初年，北匈奴出兵骚扰河西一带，班超在西域击败匈奴，控制了南道；北道的龟兹投降，班超又控制了焉耆。至此，西域归属于东汉的都护统辖之下。与此同时，东汉初年，居住在青海和甘肃南部、四川北部一带的羌族，强烈反抗东汉王朝强征羌人去征西域，先后举行了三次武装斗争：第一次从107年开始，南边进入益州，东边进入三辅、三河，威胁洛阳，战争进行了十二年；第二次战争从136年开始，主要在关中进行，到144年，被镇压下去；第三次战争发生于159年，是在陇西一带，进行了几十年，直到黄巾起义时还没有停止。人民渴望安定，所以在镜铭中便时常出现这一类铭文。

3. 镜铭还反映了当时的科举制度。自从汉高祖下诏求贤以后，汉武帝又诏令天下察举孝廉和茂材（秀才）。西汉以举贤良为盛，可是东汉灵帝以后，"举秀才，不知书；察孝廉，父别居"[①]。察举已经很滥了。镜铭曰："圣人周公、鲁孔子，作吏高迁车生耳。郡举孝廉、州举博士，少不努力老乃悔。"鼓励人们仕进。这段镜铭选自《辽居杂著》，罗振玉著录此书时只云"许氏镜"，未说明镜子的形制和时代，但既云"作吏高迁车生耳"，不会早于东晋。因为文中的"车生"，应该指的是车胤。胤字武子，少时恭勤博学，家贫不常得油，夜月囊萤照书，显名于世，东晋隆安年间出任吏部尚书。金华出土的晋代四叶纹画像镜，把孔子的弟子作为题材，也属于这一类性质。

4. 1978年，罗福颐在武汉见到的"汉鲁诗镜"[②]，就目前所知，确是孤例，铭文录自《诗经·卫风·硕人》，是赞美卫庄公夫人庄姜的诗。第一章叙她的出身高贵；第二章写她的美丽；第三章写她初嫁到卫国时礼仪之盛；第四章写她的随从众多而娇美，但文未录完。对照阮刻《毛诗注疏》，第四章全文是："河水洋洋，北流活活，施罛濊

---

① 葛洪：《抱朴子·审举》，上海涵芬楼明刊本影印本。
② 罗福颐：《汉鲁诗镜考释》，《文物》1980年6期。

濊，鳣鲔发发。葭菼揭揭，庶姜孽孽，庶士有朅。"此镜的时代，罗福颐说："审其形制，镜鼻大是后汉特点，雕镂又与传世建安年号镜相仿。据史书记载，汉灵帝熹平四年石经碑始立，观视及摹写者，车乘日千余辆。熹平四年至献帝建安亦不过二十年，则此镜以诗为铭，殆受石经碑之影响。"此论颇有见地。

5. 东汉沿袭西汉制度，设置各种工官。此外，从东汉镜铭中反映私家铸镜手工业也很发达，如：朱氏、青盖、青羊、黄羊、三羊、许氏、李氏、蔡氏、张氏、至氏、袁氏、吴氏、翟氏、龙氏、苏氏、李见、韩氏、赵氏、吕氏、骆氏、田氏、周仲、王氏、刘氏、杜氏、吴尚里伯氏、"王金在魏作镜"等等。

（三）

汉代镜铭文字的通假、错别、减笔、省偏旁和反写是经常有的，掉字漏句的现象也屡见不鲜[①]。

古音通假，就是古代汉语书面语言同音或音近的字通用和假借。这不仅在镜铭上是常见的，在古代文献中也是常有的。这是因为古代文字少，有些本来就没有正字，几个字通用和假借；有的虽有正字，但书写时，借用了别的同音或近音字，后来大家习惯了，得到社会的承认。有些精致的铜镜，镜铭文字除通借外，并无错别字，也无脱字漏句、减笔或反写的现象。

汉六朝镜铭的特点是减笔。因为汉字笔画多，在泥模上刻印，往往难以下刀。翻砂需要先制模，用模压出泥范，然后浇铸。这样，笔画多的汉字，浇铸成镜后，字迹容易模糊。有的半圆方枚神兽镜，要在小方枚上再划成四块，每块刻一字，难度更大，所以再三减笔，结果减到令人难以辨认的地步。

工匠刻铸镜铭，词句多从当时流行的镜铭中选用、拼凑，抄刻的时候，漏字多不校正；也有因事先未经周密计算，抄刻时，最后因地位不够，往往全文未刻完即行结束。

下面将镜铭文字的通假、省偏旁、错别和减笔，择其常见者，分别举例如下：

一、通假

例1　镜铭："……愿君强饭多勉之，卬天大息，长相思……""卬"即古"仰"字。根据《诗·大雅》："瞻卬昊天"。卬，音仰。《荀子·议兵篇》："上足卬，则下可用。"杨注：卬，古仰字。

例2　镜铭："……清涷铜华以为镜，丝组杂遝以为信……""涷"、"炼"通用。"遝"通"沓"。根据曹植《洛神赋》："尔乃众灵杂遝，命俦啸侣。"《汉书·扬雄传上》："骈罗列布，鳞以杂沓兮。"

---

①　参见罗振玉《辽居杂著·镜话》。

例3　镜铭："上大山，见神人，食玉英，饮澧泉。""澧"同"醴"。根据《礼·礼运》："故天降膏露，地出醴泉。"《列子·汤问》："景风翔，庆云浮，甘露降，澧泉涌。"

例4　镜铭："角王巨虚日有熹……"根据《文选·枚乘〈七发〉》："前似飞鸟，后类岠虚。"张铣注："岠虚，兽名，善走。"李商隐《李贺小传》："恒以小奚奴骑距虚。""巨虚"、"岠虚"、"距虚"通用。

例5　镜铭："上有仙人子乔·赤诵人。"根据《史记·吕侯世家》："愿弃人间事，欲从赤松子游耳。"《淮南子·齐俗》："今夫王乔、赤诵子……""诵"与"松"同声通假。

下面将铜镜文中常见的通假字列一简表：

镜　　铭	正　字	镜　　铭	正　字
驾交龙乘浮云	蛟	尚方作竟	镜
子孙备具居中英	央	行有日，反无期	返
上大山，见神人，食玉央	英	驺氏作镜	邹
久不见，侍前希	稀	浮游天下敖四海	遨
左龙右虎主四彭	旁	商市程万物	陈
明而日月世少有	如	驩乐未央	欢
用之为镜青如明	而	曾年益寿	增
昭此明镜诚快意	照	朱鸟玄武顺阴羊	阳
喜怒无央咎	殃	尚方作镜大吉阳	祥
辟去不羊宜古市	祥，古应为估之省。估、贾通	角王巨虚辟不详	祥
予天无极受大福	与	朱鸟玄武师子翔	狮
传告子孙乐无亟	极	驾螶龙	飞
州刻无亟	周	富贵番昌	蕃
		然雍塞而不泄	壅

二、省偏旁

镜　　铭	正　字	镜　　铭	正　字
上有山人不知老	仙	泉无亟	乐
涑治铜锡去其宰	滓	凤皇翼翼在镜则	侧
亲有善铜出丹阳	新	常呆二亲得天力	保
新有善铜出丹阳	铜	八即向相	爵，通雀
白牙单琴	伯，弹	吾作明镜真大工	巧

三、错别

镜　　　铭	正　字	镜　　　铭	正　字
诈佳镜哉真无伤	作	浮由天下敖四海	游
仕患高迁位三公	宦	寿幣金石	敝
千秋万倍	岁	暴虏殄灭	胡
和以银锡清具明	且	薪起辟雍盖明堂	新
九相忘	久	涑治镇锡	银

四、减笔

尚	肖	百	银	峜		熟	百
佁	乚	乚	漢	淸	湂	知	夫天
镜	頁	亰	意	㤅		澧	浧
真	頁	其	酒	泊		阴	飠阴
刻	刈		長	镸		马	㝷
渴	馮	月	幽	幽幽	由	英	共兴
飲	治	氵	禽	仒		商	酋
饞	剣	氿	見	見		富	富
棗	朿	朿	明	㕕㕕	卯	古	工
新	親	仌	無	宅		巧	工兀
蛟			辟	亇		笔	茟浮
龍	能能祇		倍	伯		浮	浮疆
铜	釖		新	亇		疆	亖
			劉	剕		羊（祥）	

（四）

　　大约从南朝末年开始，主要在隋和初唐，铜镜铭文的内容、形式和字体都为之一变。就其内容来说有以下几种。形容铜镜之精妙，如："美哉灵鉴，妙极神工，明疑积水，静若澄空。""练形神冶，莹质良工，如珠出匣，如月停空。"描写闺阁整妆，如："当眉写翠，对脸传红，绮窗绣晃，俱含影中。"表示夫妻恩爱，如："玉匣聊开镜，轻灰暂拭尘，光如一片水，影照两边人。"抒发少女心情，如："冬朝日照梁，含怨下前床。帷寒以叶带，镜转菱花光。会是无人觉，何用早红妆。"表示颂祷，如："千娇集影，百福来扶。"形式多采用骈体，以四言为主。亦有五言诗，如："花发无冬夜，临台晓夜月，偏识秦楼意，能照美妆成。"又有回文，如："别春驰忧，结恋离愁"等等。骈体文句法讲究对仗，注重形式美，华丽纤巧，风流绮丽，而内容却空虚贫乏。骈体文

44

盛行于南北朝，但因时局动乱，铜镜制作粗劣，以致骈文并没有很快地运用到镜铭中去。隋和初唐时在政治和经济上都发生了较大的变化，铜镜制作也日益精致，形制美观，纹饰多彩。当时骈文在社会上仍有很大势力，所以骈文镜铭风行一时。随着古文的复兴，逐渐取代了骈体文，成为文坛上的主要风尚，骈文镜铭也就相应的消失了。从此以后直到北宋镜子较少使用铭文。

大约从南宋开始，镜铭又重新兴起，但内容、形式和字体又为之一变。字体多用当时盛行的宋版书体，于招牌形式的长方框内刻铸铭文，颇有商标意味。这是南宋镜铭的主流。此外，还有"鉴斯镜，妆汝容"一类的铭文，但为数甚少。南宋官铸铜镜，刻铸造镜机关及有关人员的签押，如"湖州铸鉴局乾道四年炼铜照子官（押）"，也采用宋版体直书。辽金地区的官铸镜镜铭，如"承安三年上元日陕西东运司官造监造，录事任（押），提控运使高（押）"，仍沿袭前期遗风，刻铸在镜缘内侧一圈。此外，兄弟民族也有铸造具有本民族风格的镜子，如吉林省大安县红岗公社永合大队出土的契丹铜镜，铭文用契丹字，内容大意是："时不在（再）来，命数由天，逝矣年华，红颜白（百）岁。脱起网尘……天相吉人。"又有阴刻汉字："济州录事完颜通。"

元、明、清铜镜刻铸年号的不少。浙江出土的明代铜镜中，有大量是用汉镜翻制的，往往在镜背花纹间加刻长方框，框内刻铸作坊名号。总的来说，这个时期的镜铭并无新意。

［附］
历代镜铭选录

1. 长宜子孙。

2. 长宜子孙，诏见贵人。

3. 长生宜子。

4. 君宜高官。

5. 君宜高官，位至公卿。

6. 明如日月，位至三公。

7. 上有辟邪交①龙道里通，长宜子孙寿无穷。

8. 家富千金，日利大万。

---

① 交，乃"蛟"之省，古通用。

9. 家常富贵。

10. 大富昌，乐未央，千万岁，宜兄弟。

11. 长贵富，乐无事，日有熹，宜酒食。

12. 常贵富，宜酒食，竽瑟会，美人侍。

13. 大乐贵富毋极①，与天地相翼。

14. 乐毋事，日有熹，宜酒食，常贵富。

15. 大乐贵富得所好，千秋万岁，延年益寿。

16. 大上富贵，长乐未央，延年益寿，幸毋相忘。

17. 常贵富，乐未央，长相思，毋相忘。

18. 常乐未央，幸毋相忘。

19. 愿常相思。

20. 长乐未央，九（久）毋相忘。

21. 天下大阳，幸毋见忘。

22. 修②相思，毋相忘，常乐未央。

23. 与天无极，与地相长，欢③乐未央，长毋相忘。

24. 天上见长，心思君王。

25. 心思美人，毋忘大王。

26. 美人大王，心思毋忘。

27. 君行卒，予志悲，久不见，侍前俙。

28. 君行卒，予志悲，秋风起，侍前俙。

29. 昔同起，予志悲，道路远，侍前俙。

30. 君有行，妾有尤（忧），行有日，反毋期，愿君强饭④多勉之，叩⑤天大息长相思，毋久（文未完）。

31. 见日之光，天下大阳，所言必当。

32. 见日之光，天下大明，服者君卿，镜辟不羊（祥），宜于侯王，钱金满堂。

33. 见日之光，天下大明。

34. 见日之光，长乐未央。

---

① 毋极，没有尽头的意思。《急就篇》："长乐无极老复丁"。
② 原为"长相思"，淮南王刘安避父讳，改"长"为"修"。
③ "驩"、"欢"音义同。
④ 强饭，犹言努力加餐。《汉书·贡禹传》："生其强饭慎疾以自辅。"
⑤ 叩，通"仰"。

35. 内清质以昭明①，光辉②象夫日月，心忽扬而愿忠，然壅塞③而不泄。

精照折而侍君，□皎光而□美，挟佳都而承间，□欢而□予，□□神而不迁，得并势而不衰。

36. 絜清白而事君，窈阴欢之弇④明，焕玄锡之流泽，恐疏远而日忘，慎靡美之穷皑，外承欢之可说，慕窈窕于灵泉，愿永思而毋绝。

37. 清冶铜华以为镜，丝组⑤杂逯以为信，清光明，服者富贵番⑥昌乐未央，千秋万世长毋相忘，时来何伤。

38. 清冶铜华以为镜，丝组杂逯⑦以为信，清光明兮宜佳人。

39. 清涷铜华以为镜，照察衣服观容貌，丝组杂逯以为信，清光宜佳人。

40. 涷冶铜华清而明，以之为镜而宜文章，延年益寿而辟而不羊（祥），与天无极，如日之光，长乐未央。

41. 积善之家，天锡永昌。

42. 明如日月利父母兮。

43. 昭（照）貌明镜知人清，左龙右虎□天菁，朱爵（雀）玄武法列星。八子十二孙居安宁，宜酒食，乐长生。

44. 日有憙⑧，月有富，乐无事，常得意，美人会，竽瑟侍，商（或有作"贾"者）市利，万物平，老复丁，复生宁。

45. 日有憙，月有富，乐毋事，宜酒食，居必安，无忧患，竽瑟侍，心志驩，事乐己，□常□。

46. 福禄进兮日以前，天道汤汤（荡荡）物自然。参驾蚩龙⑨乘浮云，白虎失，上大山，凤鸟下，见神人。

47. 上大山，见神人，食玉英，饮澧泉，得天道，物自然，驾交龙，乘浮云，宜官秩兮，保子孙兮。

48. 驾蚩龙，乘浮云。上大山，见神人。食玉英，饵黄金。宜官秩，葆子孙。长乐未央，大富昌。

---

① "昭"、"照"古通。《楚辞·宋玉九辩》："彼日月之昭明兮，尚黯黮而有瑕。"
② 光辉，闪耀的光芒。《史记·封禅书》："光辉若流星，又蔡泽传：光辉充塞，天文粲然。"
③ 雍，壅通。《晏子春秋·谏上》："君疏辅远弼，忠臣壅塞。颜注：雍读曰壅。《吕览·骄姿》：简士壅塞，欲无壅塞，必礼士。"
④ 弇，遮蔽。《尔雅·释天》："弇日为蔽云。"
⑤ 组，用丝织成的阔带子，古代用作佩印或佩玉的绶。
⑥ 番即蕃字省假。
⑦ 逯，通"沓"。杂逯，众多也。《汉书·扬雄传》："骈罗列布，鳞以杂沓兮。"
⑧ 憙，悦也。《史记·周本纪》："无不欣憙。"
⑨ 蚩龙，即飞龙。《淮南子·坠形》："飞龙生凤皇。"

49. 上大山，见神人，食玉英①，饮澧泉②，驾交龙，乘浮云，白虎引兮直上天。受长命，寿万年。宜官秩，保子孙。

50. 上峯山，凤凰集，见神□，保长久，寿万年，周复始，传子孙，福禄□，日以□，食玉英，饮澧泉，驾青龙，乘浮云，白虎（文未完）。

51. 寿如金石佳且好。

52. 寿如金石，累世未央。

53. 生如山石。

54. 角王巨虚③日有熹，延年益寿去忧（亦有作"恶"字）事，长乐万世宜酒食，子孙贤，家大富。

55. 角王巨虚辟不详（祥），仓（苍）龙白虎神而明，赤鸟玄武之（主）阴阳，国实受福家富昌，长宜子孙乐未央。

56. 角王巨虚日有熹，昭（照）此明镜诚快意，上有龙虎四时置，长保二亲乐无事，子孙顺息家富炽，予（与）天无极受大福。

57. 朱爵（雀）玄武顺阴阳，八子九孙治中央，照面目身万全，象衣服好可观，君宜官秩保子（文未完）。

58. 汉有善铜出丹阳④，和以银锡清且明，左龙右虎主四彭（旁），朱爵玄武顺阴阳，八子九孙治中央。（"善铜"，亦作"名铜"；"和以"，亦作"杂以"）。

59. 汉有善铜出丹阳，用之为镜青（清）如（而）明，八子九孙治中央，千秋万岁辟不阳（祥）。

60. 汉有善铜出丹阳，涑（炼）治银锡清而明，巧工刻之成文章，左龙右虎辟不羊（祥），朱鸟玄武顺阴阳，子孙服（备）具居中央，长保二亲乐富昌，寿如金石之侯（王）。

61. 汉有佳铜出丹阳，□刚作镜真毋伤，涑冶镇（银）锡清且明，昭（照）于宫室日月光，左龙右虎主四方，八子十二孙治中央。

62. 日光涑治竟华清而明，以之为镜而宜文章，以延年而益寿，去不羊。

63. 新有善铜出丹阳，和以银锡清且明，左龙右虎掌四方，朱雀玄武顺阴阳。

---

① 玉英，《玉篇·上王部瑛字注》："美石似玉，尸子云，龙渊，玉光也，水精谓之玉英也。"
② "澧"、"醴"同。《礼·礼运》："故天降膏露，地出醴泉。"《汉书·王莽传上》："甘露从天降，醴泉从地出。"
③ "角王巨虚"，朱剑心《金石学》云："言匈奴部落之大也……故汉印有'四角羌王'、'四角胡王'"。这是牵强附会的解释。巨虚，兽名，亦作距虚、岠盦、距盦、岠虚。《文选·枚乘〈七发〉》："前似飞鸟，后类岠虚。"张铣注：岠虚。兽名，善走。《逸周书·王会》孔晁注："距虚，野兽，驴骡之属。"在规矩镜中有似鹿和似驴的动物，前者疑即"角王"，后者即"巨虚"。
④ 《前汉书·食货志》云："金有三等，黄金为上，白金为中，赤金为下。"注："孟康曰：'赤金，丹阳铜也。'"《神异记》："丹阳铜可锻作器。"

64. 凤皇翼翼在镜则（侧），多资国家受大福，□达时年□嘉□，官□□□□□□，□保二亲得天力，传告后世乐无极。

65. 棘言①之始自有纪，涷治铜锡去其宰（滓），辟不羊宜贾市，长保二亲利子孙。

66. 棘言之纪从镜始，长保二亲和孙子，辟去不羊（祥）宜贾市，寿如金石西王母，从今而往乐乃始。

67. 棘言之始自有纪，涷治同（铜）锡去真（其）宰（滓），辟去不羊（祥）宜古（贾）市。

68. 棘言之纪从镜始，青龙在左，白虎在右。

69. 棘言之纪从竟始，涷铜锡去其宰，以之为镜宜孙子，长葆二亲乐毋□，寿币（敝）金石西王母。棠安作。

70. 尚方作竟，富贵益昌，其师命长，买者侯王。

71. 尚方作竟真大好，上有仙人不知老，渴饮玉泉饥食枣，徘徊神山采其草，寿敝金石西王母。

72. 尚方作竟真大好，上有仙人不知老，渴饮玉泉饥食枣，浮游天下敖四海，寿如金石为国保。

73. 尚方作竟自有纪，良时日，家大富，九子九孙各有喜，位至三公中常侍，上有西王母、东王公、山（仙）人子乔、赤由（松）子。

74. 尚方作竟大毋伤，左龙右虎辟不羊，朱鸟玄武顺阴阳，子孙备具居中央，长保二亲乐富昌。

75. 尚方作竟大毋伤，巧工刻之成文章，左龙右虎掌四旁，朱鸟玄武顺阴阳，子孙备具居中央，上有仙人高敖羊，长保二亲乐富昌，寿如金石为侯王。

76. 尚方御竟大毋伤，巧工刻之成文章，左龙右虎辟不详，朱鸟玄武顺阴阳，子孙备具居中央，长保二亲乐富昌，寿敝金石如侯王兮。

77. 尚方作竟佳且好，明而（如）日月世少有，上有仙人赤松子。

78. 尚方作竟佳且好，明而（如）日月世少有，大富贵，宜子孙，大吉阳（祥）兮。

79. 朱氏明竟快人意，上有龙虎四时宜，常保二亲宜酒食，君宜官秩家大富，乐未央，宜牛羊。

80. 吾作佳竟自有尚，工师刻像主文章，上有古守（兽）辟非羊（祥），服之寿考

---

① 棘言，《金石索》释为"棘言"，《七修类稿》释为"朱善"，《小校经阁》释为"乘言"，罗振玉《辽居杂著》释为"耒言"。"来"，王羲之《圣教序》写作"耒"，但汉隶似未见此写法，况"耒"字左上角尚有笔画。梁上椿《岩窟藏镜》第三集云，容庚氏释为"棘言"，"棘"通"七"。

宜侯王。

81. 王金在魏作佳镜哉真大好，上有仙人不知老，渴饮澧泉饥食枣，浮游天下敖四海，寿如玉石为国保，千万岁。

82. 青盖作竟四夷服，多贺国家人民息，胡虏殄灭天下复，风雨时节五谷熟，长保二亲得天力。

83. 大利作佳镜哉真大好，上有仙人不知老，徘徊名山采神草，渴饮玉泉饥食枣，浮游天下敖四海，寿如金石之国保兮。

84. 青盖作竟自有纪，辟去不羊（祥）宜古①市，长保二亲利孙子，为吏高官寿命久。

85. 青盖明竟以发阳，揽睹四方照中央，朱鸟玄武师子②翔，左龙右虎辟不详，子孙备具居中英（央），长保二亲乐未（味）尝。

86. 青盖作竟佳且好，子孙番昌长相保，男封太君女王妇，寿如金石，大吉。

87. 青羊作竟四夷服，多贺国家人民息，胡虏殄灭天下覆，风雨时节五谷熟，传告后世得天福。

88. 黄羊作竟大毋伤③，巧工刻之成文章，左龙（文未完）。

89. 三羊作竟大毋伤，令人富贵乐未央。

90. 三羊作竟自有纪，明而（如）日月世未有，家大富，保父母，五男四女凡九子，女宜贤夫男得好妇兮。

91. 许氏作竟自有纪，青龙白虎居左右。圣人周公、鲁孔子，作吏高迁车生耳，郡举孝廉州博士，少不努力老乃悔。吉。

92. 李氏作镜自有纪，青龙白虎居左右，神鱼仙人赤松子，八即（爵，即雀）向相法古始，□长命，宜子孙，五男四女凡九子，便固（姑）章④，利父母，为吏高迁（文未完）。

93. 蔡氏作竟自有意，良时日，家大富，七子九孙各有喜，官至三公中尚（常）侍，上有东王公、西王母，与天相保兮。

94. 张氏作镜四夷服，多贺国家人民息，官至三公得天福，子孙具备孝且力。

95. 至氏作镜真大巧，上有山（仙）人子乔、赤诵子，□□辟邪，左有青龙，喜怒无央（殃）咎，千秋万岁青长久。

96. 吴□作竟时日良，左龙右虎辟不详⑤，二亲备具子孙昌，寿如金石乐未央。

---

① "古"应是"估"的省偏旁。"估"、"贾"同声通用。
② 师子，即狮子。
③ 伤，忧思，悲伤。《诗·周南·卷耳》："维以不永伤。"
④ 古时妻称丈夫的父母为姑嫜，也作"姑章"。
⑤ 辟，辟除，扫除。详，即"祥"。

97. 袁氏作竟真（缺字），上有东王父、西王母，山（仙）侨侍，左右辟邪，喜怒毋央（殃）咎，长保二亲生久。

98. 翟氏作竟，幽涷三商①，□德□国，配象万疆，曾（增）年益寿富番（蕃）昌，功成事见师命长。

99. 龙氏作竟四夷服，多贺国家人民息，胡克（羌）除灭天下复，风雨时节五（缺字），官位尊显蒙禄食，长保二亲乐无已。

100. 龙氏作竟大毋伤，亲（新）有善铜出丹杨（阳），和以艮易（银锡）清且明，刻画奇守（兽）成文章，距虚辟邪除群凶，除子天禄②会是中，长宜子孙大吉祥。

101. 吴胡阳里周仲作竟四夷服，多贺国家人民息，胡虏殄灭天下服，风雨时节五谷熟，长保二亲得天力。

102. 刘氏作竟佳且好，白虎辟邪不知老，子孙□具长相保。

103. 赵氏作竟大毋伤，左龙右虎兮。

104. 王氏作竟自宜古（贾）市，除去不羊。

105. 韩氏作竟大毋伤，长保二亲宜侯王。

106. 苏氏作竟自有纪，明如日月世少有。

107. 李氏作竟佳且好，明如日月世之保，所见镜者不知老。

108. 三王善作明镜。

109. 驺③氏作竟四夷服，多贺国家人民息，胡虏殄灭天下复，风雨时节五谷熟，长保二亲得天力。

110. 吕氏乍（作）竟世少有，东王公、西王母，仙人子乔、赤诵子，车马辟邪在左右，为吏高升贾万倍。

111. 田氏作竟四夷服，多贺国家人民息，胡虏殄灭天下复，风雨时节五（谷熟），长保二亲得天力。山（仙）人子乔、赤甬（松）子。

112. 吴尚里伯氏作竟四夷服，多贺国家人民息，胡虏殄灭天下复，风雨时节五谷孰（熟），长保二亲得天力。吴王。忠臣伍子胥。

---

① 三商。"商"与"滴"同。《周礼·夏官·挈壶氏》贾疏："掌刻漏。"《释文》："漏下三商为昏。商，古滴字。"《仪礼·士昏礼》郑注："日入三商为昏。（疏）马氏云，日未出，日没后皆二刻半，前后共五刻，云三商者，据整数而言也。"明张自烈《正字通》云；"商乃漏前所刻处，古以刻雕为商，刻漏者，刻其痕以验水也。"绍兴文管会藏有半圆方枚神兽镜，铭文为："吾作明镜，幽涷五商。"这证明"三商"就是"日入三商为昏"。此外，又有"九涷三十七商"、"幽涷三羊"、"幽涷三刚"、"幽涷宫商"，罗振玉《镜话》以为"皆三商之伪"。

② 天禄，此处应作上天赐予的禄位解。

③ "驺"、"邹"同声通用。

113. 原羊作镜华皋皋而无垛兮，上有辟邪与天秩①，宜孙保子各得所欲，吏人服之益官秩，贾人服之金钱足兮。胡氏作。

114. 阳氏作竟，青（清）如日月，其师受（文未完）。

115. 东王公。仙人六博。王女侍。王女朱师作兮。

116. 东王公兮。帛（白）虎。

117. 西王母。东王公女。

118. 居摄元年自有真，家当大富羅常有陈，□之治吏为贵人，夫妻相喜日益亲善。

119. 唯始建国二年新家尊，诏书□下大多恩，贾人事市□财啬田，更作辟癰治校官，五谷成熟天下安，有知之士得蒙恩，宜官秩保子孙。

120. 始建国天凤二年作好镜，常乐富贵□君上，长保二亲及妻子，为吏高迁位公卿，世世封传于毋穷。

121. 永平七年正月作。公孙家作竟。

122. 尚方作竟大毋伤，巧工刻之成文章，左龙右虎辟不羊，朱鸟玄武顺阴阳，上有佚②人不知老，渴饮玉泉饥食枣。永平七年九月造真镜。

123. 元兴元年五月丙午日天大赦，广汉造作尚方明镜，幽湅三商，周刻无极，世得光明，长乐未英（央），富且昌，宜侯王，师命长，生如石，位至三公，寿如东王父、西王母、仙人子，立至公侯。

124. □加元年五月丙午，造作广汉西蜀尚方明竟，和合三阳，幽湅白黄，明如日月，照见四方，师□延年，长乐未央，买此竟者家富昌，五男四女为侯王，后买此竟居大市，家□掌□名□里有□弟□□子。

125. 永寿二年正月丙午，广汉造作尚方明竟，□□□富且昌，宜侯王，师命长。

126. 延熹二年五月丙午日天大述，广汉西蜀造作明镜，幽湅三商，天王日月，位至三公兮，长乐未英，吉且羊。

127. 广汉西蜀刘氏作竟，延熹三年五月五日□□□□日中□□，寿如东王公西王母，常宜子孙常乐未央，立③至三公宜侯王。

128. 延熹七年正月壬午，吾造作尚方明竟，幽湅三商，买人大富，师命长。

129. 永康元年正月丙午日作尚方明竟，买者长宜子孙，延年万年，上有东王父西王母，生如山石大吉。

---

① 《后汉书·灵帝纪》载："（中平三年）复修玉堂殿，铸铜人四，黄钟四，及天禄、虾蟆……"注曰："天禄，兽也……案今南阳县北有宗资碑，旁有两石兽，镌其膊，一曰天禄，一曰辟邪。据此，天禄、辟邪，并兽名也。"从铭文全文看，此处所云之天禄系神兽。

② 镜铭中原写作"佚"，应是"佚"之减误。"佚"通"逸"，可作隐遁解，即指"仙人"。

③ 梅原末治《汉三国六朝纪年镜图说》释作"土至三公"，原字为"太"，应释为"位"。

130. 永康元年正月丙午日，幽涷三商，早作尚方明竟，买者大富且昌，长宜子孙，延寿命长，上如东王父西王母，君宜高官，立至公侯，大吉利。

131. 建宁二年正月二十七日丙午，三羊作明镜自有方，白同清明复多光，买者大利家富昌，十男五女为侯王，父妪相守寿命长，居世间乐未央，宜侯王乐未央。

132. 熹平二年正月丙午，吾造作尚方明竟兮，幽涷三商，州①刻无极，世得光明，买人富贵，长宜子孙延年兮。

133. 熹平三年正月丙午，吾造作尚方明竟，广汉西蜀，合涷白黄，周刻无极，世得光明，买人大富，长（缺字）子孙，延年益受（寿），长乐未央兮。

134. 中平六年正月丙午日，吾作明竟，幽涷三羊自有己（纪），除去不羊宜孙子，东王父西王母，仙人玉女大神道，长吏买竟位至三公，古（贾）人买竟百倍田，家大吉，天日月。

135. 吾作明竟，幽涷宫商，周罗容象，五帝天皇，白（伯）牙单（弹）琴，黄帝除凶，朱鸟玄武，白虎青龙，服者豪贵，延年益寿，子孙番（缺字）。建安十年造。

梅原末治《汉三国六朝纪年镜图说》录有建安十年重列神兽镜三例，镜铭大同小异，其中一枚末句作"……仕至三公，子孙番昌。建安十年朱氏造，大吉羊"。

136. 建安廿四年五月丁巳卅日丙午造作明竟，既清且良，□牛羊有千，家财三忆宜侯王，位至三公，长生□□□。

137. 建安廿四年六月辛巳朔十七日丁酉□，吾作明竟宜侯王，家有五马千头羊，官高位至车丞，出止□人，命当长生，安□日以众。

138. 延康元年十月三日，吾作明竟，幽涷三商，买者富贵番昌，高迁三公九卿十二大夫。②

139. 黄初四年五月壬午朔十四日□，会稽师鲍作明镜，行之大吉宜贵人，王民□服者也□□今造□□。

140. 大阈通万福，来钱穷天毕地，鲍氏之作，子孙享迁。

141. 甘露五年三月四日，右尚方师作竟清且明，君宜高官，位至三公，保宜子孙。

142. 景元四年八月七日右尚方工作立。

143. 章武元年二月作竟，德扬宇宙，威震八荒，除凶辟兵，昭民万方。

144. 黄武二年太岁在癸卯造作□竟。

145. 黄武四年四月廿六日作氏镜，宜于吏史士得位也，服之吉羊，□日□后共文

---

① "州"、"周"通用。"周"应是"雕"、"彫"、"琱"或"镝"省偏旁。

② 梅原末治《汉三国六朝纪年镜图说》原作"买者富贵番昌高迁，三公九卿十二大夫"，观全文，应于"番昌"下断句。

王，人生于七十有一。

146. 黄武五年二月辛未朔六日庚巳扬州会稽山阴安本里，思子兮，服者吉，富贵寿春长久。

147. 黄武六年五月壬子四日癸丑造作三□之宜王且侯，服竟之人皆寿□，子孙众多悉为公卿，□□□百牛羊而□□□□。

148. 黄武七年七月丙午朔七日甲子□主治□，大师陈世□作明镜，服者立至三公。

149. 黄龙元年太岁在己酉九月壬子朔十三日甲子，师陈世造三涑明镜，其有服者久富贵，宜□□□□□。

150. 嘉禾四年九月午日，安乐造作□□五帝明竟，服者大吉，宜用者高寿，延年□□□□□。

151. 赤乌元年造作明竟可照形，上辟□□，长生老寿，位至公卿，子孙□禅，福禧无穷。

152. 赤乌元年五月廿日造作明镜，百涑清铜，服者君侯，长乐未央，造□先师名为周公。

153. 建兴二年岁在大阳，乾巛①合作，王道始平，五月丙午□□日中制作竟，百涑清铜，服者万年，位至侯王，辟不羊。

154. 建兴二年九月一日造作明竟，五涑九章，□竟富且贵，□大吉口，保□□。

155. 五凤三年三月□造清竟，服者富贵宜侯王。

156. 太平元年，吾造作明镜，百涑正铜，服者老寿，作者长生，宜公卿，□（缺）。天王日月照四海。正明光。

157. 太平二年，造作明竟，可以诏（照）明，宜侯王，家有五马千头羊。天王日月。

158. 永安元年，造作明竟，可以诏（照）明，服者老寿，作者长生。

159. 永安二年七月四日造作明竟，可□昭（照）明，□□□□□至五马千牛□□孙子。

160. 永安四年太岁己巳五月十五日庚午，造作明竟，幽涑三商，上应列宿，下辟不祥，服者高官，位至三公，女宜夫人，子孙满堂，亦宜遮道，六畜潘伤（蕃昌），乐未（文未完）。

161. 宝鼎元年十月廿九日造作明竟，百涑清铜，服者富贵，宜公卿，大吉，长（缺字）未英（央）。

162. 凤皇元年九月十□日，吾作明镜，幽（缺字）三商，大吉利，宜子孙，寿万年，家有五马千头羊。

---

① "坤"字古作"巛"。

163. 天纪元年岁在丁酉，师徐伯所作明镜，买者宜子孙，寿万岁，大吉。

164. 天纪元年月闰月廿六日，造作明竟，幽涑三商，上应星宿，下辟不羊（祥），服者富贵，位至侯王，长乐未央，子孙富昌兮。

165. 太康二年□月八日，吴郡□清□造□之□，东王公西王母，□人豪贵，士患（宦）高迁三公丞相九卿。

166. 晋太康二年中秋记。

167. 太康三年六月卅日，吾作明竟，幽涑三商，四夷自服，多贺国家人民息，胡虏殄灭，时雨应节，五谷丰埶（熟），天下复。

168. 元康元年，造作明镜，百涑正铜，用者老寿，作者长生，家有五马。

169. 大和□年□□己巳□作明竟，幽涑□□，服者宧囻，长乐未央，子孙万 年。

170. 吾作明镜，幽涑三商，周刻无亙，配象万疆，伯牙作乐，众神见容，天禽并存，福禄氏（是）从，富贵常至，子孙潘（蕃）倡（昌），曾（增）年益寿，其师命长，惟此明镜，□出吴郡，张氏元公，千练白斛，刊刻文章，四器并（文未完）。

171. 二姓合好，□如□□，女贞男圣，子孙充实，姐妹百人，□□□□，夫妇相□，□□□阳□□月吉日，造此信物。

172. 吾作佳竟自有尚，工师妙像主文章，上有古守（兽）辟不羊（祥），服之寿考宜侯王。

173. 吾作明镜真大工（巧），世少有，明如日月，宜君子孙至二千石，贾市得利，常乐无亙，家富贵兮。

174. 吾作明竟，幽涑三刚，配象万疆，敬奉臣良，周刻无□，众□主阳，圣德光明，子孙蕃昌，服者大吉，生如山（仙）人不知老，其师命长。

175. 诈（作）佳镜哉真无伤，左龙右虎卫四彭（旁），朱鹥（爵）玄武顺阴阳，子孙贵富为侯王，传称万岁乐未央。

176. 新银治（或作"兹"）竟子孙具（缺字），多贺君家受大福，位至公卿修禄食，幸得时年获嘉德，传之后世乐无极，大吉。

177. 新兴辟雍建明堂，[1] 烈于举士比侯王，子孙服具治中央。

178. 新兴辟雍建明堂，烈于举士列侯王，将□□尹民□□，诸生万舍左□□。

179. 内而光，明而清，涑石华，为之镜，见上下（?），知人清，喜得见，早发生，万岁长乐。

180. 杨府可则，盘龙斯铸。徐稚经磨，孙丞晋赋。散池菱影，开云桂树。玉面方

---

[1] 《汉书》卷九十九上《王莽传》，元始四年："是岁，莽奏起明堂、辟雍、灵台，为学者筑舍万区，作市、常满仓，制度甚盛。"

窥，仙刀永故。

181. 窥妆益态，韵舞鸳鸯。万龄永保，千代长存。能明能鉴，宜子宜孙。

182. 昭仁晒德，益寿延年。至理贞壹，鉴保长全。窥妆起态，辨貌增妍，开花散影，净月澄圆。

183. 玉匣盼开盖，轻灰拭夜尘。光如一片水，影照两边人。

184、灵山孕宝，神使观炉。形圆晓月，光清夜珠。玉台希世，红妆应图。千娇集影，百福来扶。

185. 光正隋人，长命宜新。

186. 熔金琢玉，图方写圆。质明采丽，菱净花鲜。龙盘匣内，鸾舞台前。对影分笑，看妆共妍。

187. 赏得秦王镜，判不惜千金，非关欲照胆，特是自明心。

188. 精金百练，有鉴思极，子育长生，形神相识。

189. 冬朝日照梁，含怨下前床。惟寒以叶带，镜转菱花光。会是无人觉，何用早红妆。

190. 既知愁里日，不宽别时要，惟有相思苦，不共体俱消。

191. 照日菱花出，临池满月生。官看巾帽整，妾映点妆成。

192. 花发无冬夏，临台晓夜明。偏识秦楼意，能照美妆成。

193. 阿房照胆，仁寿悬宫。菱藏影内，月挂壶中。看形必写，望里如空。山魖敢出，冰质堑工。聊书玉篆，永镂青铜。

194. 淮南起照，仁寿传名。琢玉斯表，熔金勒成。时雍炎晋，节茂朱明。援模鉴澈，用拟流清。光无亏满，叶不枯荣。图形览质，千载为贞。

195. 美哉灵鉴，妙极神工。明疑积水，静若澄空。光涵晋殿，影照秦宫。防奸集祉，应物无穷。悬书玉篆，永镂青铜。

196. 规逾（或作"璧"）鉴水，彩艳蓝钉。销兵汉殿，照胆秦宫。龙生匣里，凤起台中。桂舒全白，莲开半红。临妆并笑，对月分空。式固贞吉，君子攸同。

197. 明逾满月，玉润珠圆。鸾惊钿后，凤舞台前。生菱上璧，倒影澄莲。情灵应态，影逐妆妍。清神鉴物，代代流传。

198. 盘龙丽匣，舞凤新台。鸾惊影见，日曜花开。团疑璧转，月似轮回。端形鉴远，胆照光来。

199. 鉴若止水，光如灵耀。化客来磨，灵妃往照。鸾翔凤舞，龙腾麟跳。写态惩神，影兹巧笑。

200. 鉴若止水，皎如秋月。清辉内容，菱华外发。洞照心胆，屏除妖孽。永世作珍，服之无沐。

201. 有玉辞夏，惟金去秦。俱随掌故，共集鼎新。仪天写质，象日开轮，率舞鸾凤，奔走鬼神。长悬仁寿，天子若春。

202. 挂台月满，玉匣光妍。影摇殿壁，花含并莲。图菱照耀，绥远联绵。遥□合璧，瑞我皇年。

203. 兰闺婉婉，宝镜团团。曾双比目，经舞孤鸾。光流粉黛，采散罗纨。可怜无尽，娇羞白看。

204. 照心宝镜，圆明难拟。影入四邻，形超七子。菱花不落，迥凤讵起。何处金波，飞来匣里。

205. 团团宝镜，皎皎升台。鸾窥自舞，照日花开。临池似月，睹貌娇来。

206. 光流素月，质禀玄精。澄空鉴水，照廻凝清。终古永固，莹此心灵。

207. 仙山并照，智水齐名。花朝艳采，月夜流明。龙盘五瑞，鸾舞双情。传闻仁寿，始验销兵。

208. 灵山孕宝，神使观炉。形圆晓月，光清夜珠。玉台希世，红妆应图。千娇集影，百福来扶。

209. 练形神冶，莹质良工。如珠出匣，似月停空。当眉写翠，对脸传红。绮窗绣幌，俱含影中。

210. 写月非夜，疑冰不寒。影合真鹿，文莹翔鸾。粉壁交映，珠帘对看。潜窥圣淑，丽则常端。

211. 美哉圆鉴，览物称奇。雕镌□□，容光应现。仙人累莹，玉女时窥。恒□是□，服御□□。

212. 窥庄益态，韵舞鸳鸯。万龄永保，千代长存。能明能鉴，宜子宜孙。

213. 绝照揽心，圆辉属面。

214. 忆彼菱花，寓形惟肖。无迎以将，有明而照。今日反观，恐公何负。差乎虚心，媸者忘怒。

215. 明齐满月，光类圆珠。铭镌几杖，字刻盘盂。并存箴勋，匣为欢娱。

216. 精金百练，有鉴思极，子育长生，形神相识。

回文：

217. 澄清花镜，菱精华净。

218. 别春弛忧，结恋离愁。

219. 发花流采，波澄影正，月素齐明，鉴秦逾净。

220. 照日冰光，耀室菱芳。

221. 月晓河澄，雪皎波清。

读法举例：

月晓河澄，雪皎波清。

晓河澄雪，皎波清月。

河澄雪皎，波清月晓。

澄雪皎波，清月晓河。

清波皎雪，澄河晓月。

波皎雪澄，河晓月清。

皎雪澄河，晓月清波。

雪澄河晓，月清波皎。

222. 镜发菱花，净月澄华。

223. 象物澂神，朗□澄真。

224. 弛光匣启，设象台悬，诗敦礼阅，己后人先，奇标象列，耀秉光宣。施章德懿，配合枢旋，嫥妍瘁尽，饰著华铅，熙雍合雅，约隐章篇，词分彩会，议等简筌，移时变代，寿益年延，规天等地，引派分泉，池轻透影，羽翠含鲜，卑□□□，□□□全，眉分翠柳，鬓约轻蝉，摛词掩映，鹊动联翩，披云拂雪，嗣后瞻前，随形动质，议衍词编，姿凝素日，质表芳莲，疲忘□□，□□瑕捐，枝芳表影，玉缀凝烟，仪齐罔象，道配虚员，闺闱慎守，暮蚕思虔，猗涟配色，绣锦齐妍，垂芳振藻，句引星连，淄磷畀迹，澈莹惟坚，厘豪引照，古远芳传。

225. 透光宝镜，仙传炼成。八卦阳生，欺邪主正。

226. 长庚之英，白虎之精。阴阳相资，山川效灵。宪天之则，法地之灵，分列八卦，顺考五行。百灵无以逃其状，卜物不能遁其形，得而宝之，福禄来成。

227. 诗曰：鸾镜晓匀妆，慢把花钿饰，真如渌水中，一朵芙蓉出。

228. 独有幽栖地，山亭随女萝，涧清长低篠，池开半卷荷，野花朝暝落，盘根岁月多，停杯无尝慰，峡鸟自经过。

229. 月样团圆冰漾清，好将香阁伴闲身，青鸾不用羞孤影，开匣当如见故人。

230. 规而内圆，矩而外方，其体有容，其道大光。

231. 质烂而清，光皎而洁，惟我子孙，永保清白。

232. 体离之虚，得坤之方，借尔无私，验我有常。宗弼。

233. 藏宝匣而光掩，挂玉台而影见。照罗绮乎后庭，写衣簪乎前殿。

234. 上圆下方，象于天地。中列八卦，备著阳阴，星辰镇定，日月贞明。周流为水，以名四渎。内置连山，以旌五岳。

235. 五岳真形，传青鸟使，大地山河，蟠萦尺咫，写象仙铜，明鉴万里。

236. 貌有正否，心有善淫，既以鉴貌，亦以鉴心。

237. 天地含象，日月贞明，寓规万物，洞鉴□灵。

238. 照心宝镜，圆明难拟。影入四□，形超七子。菱花不□，迥风讵起。何处金波，飞来画里。

239. 鉴斯镜，妆尔容

240. 七星朗耀通三界，一道灵光照万年。

241. 精金百练，形神相识。生长育子，有鉴思极。

242. 以铜为鉴，可正衣冠。

243. 福禄安家

清素传家，永用宝鉴。

244. 吾皇感德贤臣颂，奎星当朝降贵胎，今日重添新寿后，头变彭□佐金阶。

245. 日初升，月初盈，纤翳不生，肖兹万形，是曰樱宁，莹乎太清。玄卿。

246. 金盘仙露涵珠英，春风秋月景长明，凉台秋馆消光盈。

247. 既虚其中，亦方其外，一尘不染，万物皆备。吟香书屋铭。苕溪薛惠公造。

248. 如日之精，如月之明，水天一色，犀照群伦。苕溪薛惠公造。

249. 高悬昭彻，朗月光吐，落耀千秋，曲江风度。苕溪薛茂松造。

250. 八卦：乾、坎、艮、震、巽、离、坤、兑。

水银呈阴精，百练得为镜。八卦寿象备，卫神永保命。

彩版目录

26. 东汉神人神兽画像镜

27. 东汉屋舍人物画像镜

28. 东汉四神画像镜

29. 东汉四兽画像镜

30. 东汉环状乳半圆方枚神兽镜

31. 东汉环状乳半圆方枚神兽镜

32. 东汉环状乳半圆方枚神兽镜

33. 东汉环状乳半圆方枚神兽镜

34. 东汉环状乳半圆方枚神兽镜

35. 东汉鎏金环状乳半圆方枚神兽镜

36. 东汉环状乳半圆方枚神兽镜

37. 东汉环状乳半圆方枚神兽镜

38. 东汉环状乳半圆方枚神兽镜

39. 东汉半圆方枚神兽镜

40. 东汉半圆方枚重列神兽镜

41. 东汉建安十年重列神兽镜

42. 东汉重列神兽镜

43. 东汉重列神兽镜

44. 东汉重列神兽镜

45. 东汉重列神兽镜

46. 三国吴重列神兽镜

47. 三国吴重列神兽镜

48. 三国吴重列神兽镜

49. 三国吴重列神兽镜

50. 东汉同向式神兽镜

51. 东汉半圆方枚同向式神兽镜

52. 三国吴半圆方枚对置式神兽镜

53. 三国吴永安七年半圆方枚对置式神兽镜

54. 东汉龙虎镜

55. 东汉龙虎镜

56. 东汉龙虎镜

57. 东汉盘龙镜

58. 三国四叶龙凤镜

图版目录

60. 东汉重列神兽镜

61. 三国吴黄武五年重列神兽镜

62. 三国吴重列神兽镜

63. 三国吴重列神兽镜

64. 三国吴重列神兽镜

65. 东汉建安四年同向式神兽镜

66. 东汉同向式神兽镜

67. 东汉半圆方枚同向式神兽镜

68. 东汉半圆方枚同向式神兽镜

69. 东汉半圆方枚环状式神兽镜

70. 三国吴半圆方枚环状式神兽镜

71. 三国吴永安元年半圆方枚环状式神兽镜

72. 三国吴永安七年半圆方枚环状式神兽镜

73. 三国吴半圆方枚环状式神兽镜

74. 东汉建安二十四年对置式神兽镜

75. 三国蜀汉建兴年半圆方枚对置式神兽镜

76. 三国吴赤乌半圆方枚对置式神兽镜

77. 三国吴赤乌半圆方枚对置式神兽镜

78. 三国吴半圆方枚对置式神兽镜

79. 三国吴方枚对置式神兽镜

80. 三国吴方枚对置式神兽镜

81. 西晋太康二年半圆方枚对置式神兽镜

82. 西晋神兽镜

83. 西晋四乳四神镜

84. 西晋四乳四神镜

85. 东晋五乳五神镜

86. 东晋四乳四神镜

87. 东汉龙虎镜

88. 东汉龙虎镜

89. 东汉龙虎镜

90. 东汉龙虎镜

91. 东汉龙虎镜

92. 东汉龙虎镜

126. 唐鸳鸯双龙镜

127. 唐双凤瑞兽镜

128. 唐缠枝宝相花镜

129. 唐宝相花镜

130. 唐宝相花镜

131. 唐花卉镜

132. 唐花卉镜

133. 唐花卉镜

134. 唐并蒂花卉镜

135. 唐鸳鸯双鸾镜

136. 唐双鸾镜

137. 北宋圆素镜

138. 北宋双龙镜

139. 北宋缠枝牡丹镜

140. 北宋双凤花卉镜

141. 北宋元祐镜

142. 北宋飞剑斩龙镜

143. 北宋道仙龟鹤镜

144. 北宋海兽望月镜

145. 北宋比目鱼镜

146. 北宋杭州钟家镜

147. 北宋杭州高家镜

148. 南宋湖州石家镜

149. 南宋湖州石家镜

150. 南宋湖州石家镜

151. 南宋湖州石家二叔店镜

152. 南宋湖州石家二叔店镜

153. 南宋湖州石二郎镜

154. 南宋湖州石三郎镜

155. 南宋湖州石三镜

156. 南宋湖州石十郎镜

157. 南宋湖州石十三郎带柄镜

158. 南宋湖州石十五郎镜

1. 西汉蟠螭纹镜
2. 西汉清白连弧铭带镜

3. 西汉四乳蟠螭纹镜
4. 东汉内连弧纹镜

5. 东汉八乳博局镜
6. 汉有善铜博局镜

7. 东汉博局四神镜
8. 东汉博局禽兽镜

9. 东汉博局禽兽镜
10. 东汉鎏金五乳四神镜

11. 东汉贞夫画像镜

12. 东汉神仙车马画像镜

13. 东汉神仙车马画像镜
14. 东汉神仙车马画像镜

15. 东汉神仙车马画像镜

16. 东汉神仙车马画像镜
17. 东汉神仙车马画像镜

18.东汉神仙车马画像镜
19.东汉神仙车马画像镜

20. 东汉神仙戏马舞蹈镜
21. 东汉瑞兽神仙画像镜

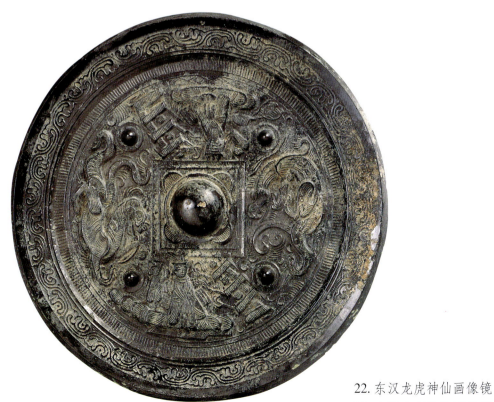

22. 东汉龙虎神仙画像镜
23. 东汉龙虎神仙画像镜

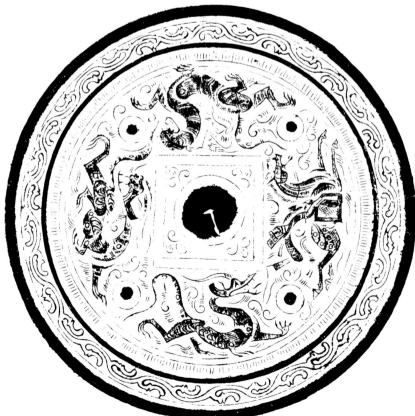

24. 东汉龙虎骑马画像镜

25. 东汉龙虎骑马画像镜

26. 东汉神人神兽画像镜

27. 东汉屋舍人物画像镜
28. 东汉四神画像镜

29. 东汉四兽画像镜
30. 东汉环状乳半圆方枚神兽镜

31. 东汉环状乳半圆方枚神兽镜

32. 东汉环状乳半圆方枚神兽镜

33. 东汉环状乳半圆方枚神兽镜
34. 东汉环状乳半圆方枚神兽镜

35. 东汉鎏金环状乳半圆方枚神兽镜
36. 东汉环状乳半圆方枚神兽镜

37. 东汉环状乳半圆方枚神兽镜
38. 东汉环状乳半圆方枚神兽镜

39.东汉半圆方枚神兽镜
40.东汉半圆方枚重列神兽镜

41. 东汉建安十年重列神兽镜
42. 东汉重列神兽镜

43. 东汉重列神兽镜
44. 东汉重列神兽镜

45. 东汉重列神兽镜
46. 三国吴重列神兽镜

47. 三国吴重列神兽镜
48. 三国吴重列神兽镜

49. 三国吴重列神兽镜
50. 东汉同向式神兽镜

51. 东汉半圆方枚同向式神兽镜
52. 三国吴半圆方枚对置式神兽镜

53. 三国吴永安七年半圆方枚对置式神兽镜
54. 东汉龙虎镜

55. 东汉龙虎镜
56. 东汉龙虎镜

57. 东汉盘龙镜
58. 三国四叶龙凤镜

59. 三国四叶飞天对凤镜
60. 西晋四叶人物镜

61. 唐双鸾衔绶镜
62. 唐双凤飞雀花卉镜

63.唐双鸳瑞兽云纹镜

64.唐真子飞霜镜

65. 唐真子飞霜镜
66. 唐月宫镜

67.唐双雀衔绶云龙镜

68.唐鸳鸯双龙镜

69. 唐飞鹤飞仙镜

70. 唐十二生肖飞仙镜
71. 唐十二生肖镜

72. 唐云龙镜
73. 唐花枝镜

74. 北宋都省铜坊官镜

75.五代线刻镜

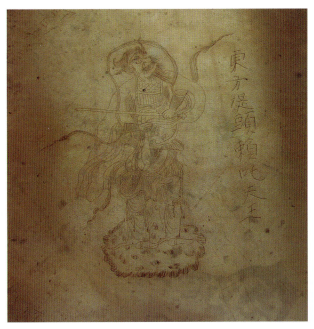

76. 北宋线刻东方提头赖吒天王镜

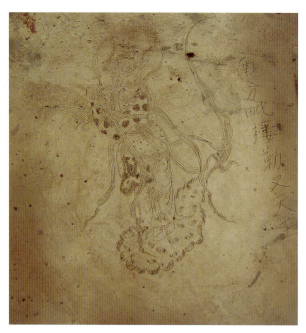

77. 北宋线刻南方毗楼勒叉天王镜

78.北宋线刻西方毗楼博叉天王镜

79. 北宋线刻北方毗沙门天王镜

80.北宋线刻释迦牟尼镜

1. 西汉昭明连弧铭带镜
2. 西汉日光镜

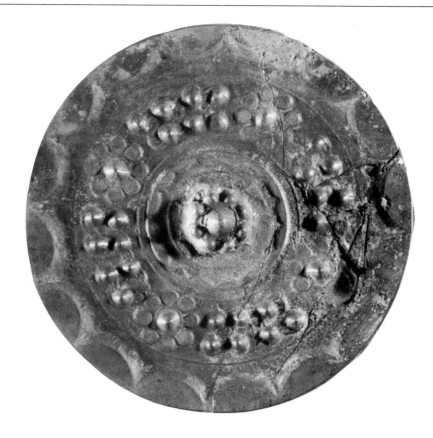

3. 西汉四乳七曜镜

4. 西汉长相思镜

5. 西汉四乳四螭镜
6. 西汉四乳四螭镜

7. 东汉内连弧纹镜

8. 东汉连弧纹镜

9. 东汉尚方作镜博局镜
10. 东汉博局禽兽镜

11. 东汉博局禽兽镜
12. 东汉博局禽兽镜

13. 东汉博局四神禽兽镜
14. 东汉博局四神禽兽镜

15. 东汉博局四神镜
16. 东汉博局四神镜

17. 东汉博局四神镜

18. 东汉七乳禽兽带镜

19. 东汉七乳禽兽带镜

20. 东汉神兽带镜

21. 东汉禽兽人物画像镜
22. 东汉神仙车马画像镜

23. 东汉神仙车马画像镜
24. 东汉神仙车马画像镜

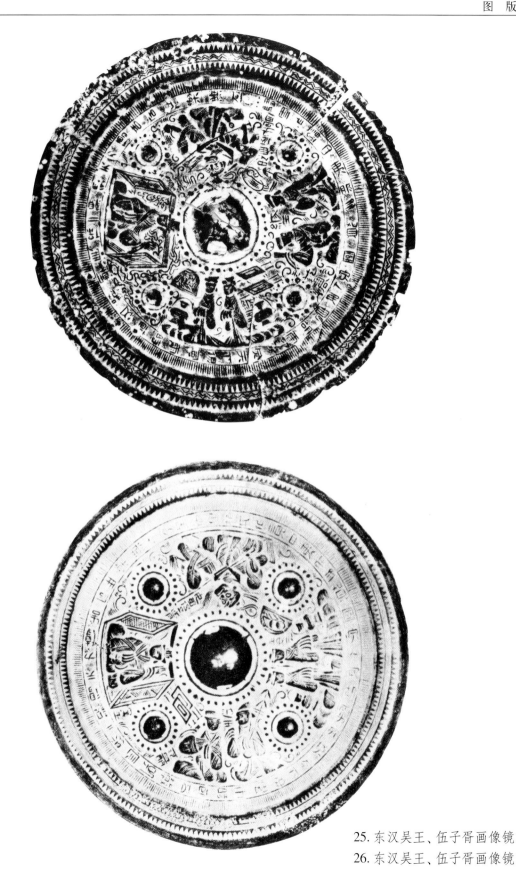

25.东汉吴王、伍子胥画像镜
26.东汉吴王、伍子胥画像镜

27. 东汉龙虎神仙画像镜
28. 东汉龙虎神仙画像镜

29. 东汉龙虎神仙画像镜

30. 东汉龙虎神仙画像镜
31. 东汉龙虎神仙画像镜

32. 东汉神仙画像镜

33. 东汉杂技舞蹈画像镜
34. 东汉西王母舞蹈画像镜

35. 东汉羽人四兽画像镜

36. 东汉禽兽画像镜

37. 东汉禽兽画像镜
38. 东汉禽兽画像镜

39. 东汉四兽画像镜
40. 东汉四神画像镜

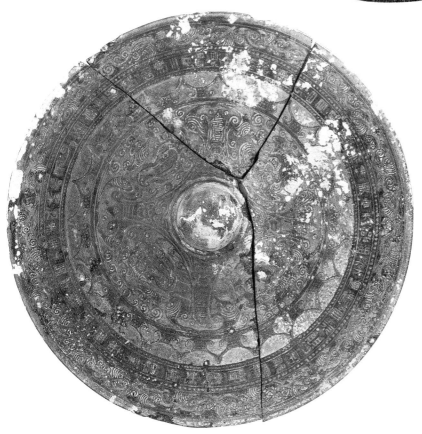

41. 东汉禽兽羽人画像镜
42. 东汉兽首镜

43. 东汉中平四年环状乳半圆方枚神兽镜
44. 东汉兽纽环状乳半圆方枚神兽镜

45. 东汉环状乳半圆方枚神兽镜
46. 东汉环状乳半圆方枚神兽镜

47. 东汉环状乳半圆方枚神兽镜
48. 东汉环状乳半圆方枚神兽镜

49. 东汉环状乳半圆方枚神兽镜
50. 东汉环状乳半圆方枚神兽镜

51. 东汉环状乳半圆方枚神兽镜
52. 东汉环状乳半圆方枚神兽镜

53. 东汉环状乳半圆方枚神兽镜
54. 东汉环状乳半圆方枚神兽镜

55. 东汉半圆方枚神兽镜
56. 东汉半圆方枚神兽镜

57. 东汉半圆方枚神兽镜
58. 东汉建安二十年半圆方枚神兽镜

59. 东汉建安七年重列神兽镜

60. 东汉重列神兽镜
61. 三国吴黄武五年重列神兽镜

62. 三国吴重列神兽镜

63. 三国吴重列神兽镜

64. 三国吴重列神兽镜

65. 东汉建安四年同向式神兽镜
66. 东汉同向式神兽镜

67. 东汉半圆方枚同向式神兽镜
68. 东汉半圆方枚同向式神兽镜

69. 东汉半圆方枚环状式神兽镜
70. 三国吴半圆方枚环状式神兽镜

71. 三国吴永安元年半圆方枚环状式神兽镜
72. 三国吴永安七年半圆方枚环状式神兽镜

73. 三国吴半圆方枚环状式神兽镜
74. 东汉建安二十四年对置式神兽镜

75. 三国蜀汉建兴年半圆方枚对置式神兽镜
76. 三国吴赤乌半圆方枚对置式神兽镜

77. 三国吴赤乌半圆方枚对置式神兽镜
78. 三国吴半圆方枚对置式神兽镜

79. 三国吴方枚对置式神兽镜
80. 三国吴方枚对置式神兽镜

81. 西晋太康二年半圆方枚对置式神兽镜
82. 西晋神兽镜

83. 西晋四乳四神镜
84. 西晋四乳四神镜

85. 东晋五乳五神镜
86. 东晋四乳四神镜

87. 东汉龙虎镜
88. 东汉龙虎镜

89. 东汉龙虎镜
90. 东汉龙虎镜

91. 东汉龙虎镜
92. 东汉龙虎镜

93. 东汉龙虎镜
94. 东汉龙虎镜
95. 东汉青盖龙虎镜

96. 三国吴龙虎镜
97. 三国吴盘龙镜

98. 三国吴三龙镜
99. 三国吴二龙一虎镜

100. 西晋元康三年龙虎四神镜

101. 东汉长宜子孙镜
102. 三国吴四叶八凤镜

103. 三国吴四叶凤凰镜
104. 三国吴四叶八凤镜
105. 三国吴四叶龙凤镜

106. 三国吴四叶瑞兽对凤镜(Ⅰ式、Ⅱ式)

107. 三国吴凤凰衔蕊镜
108. 隋矩纹四灵镜

109. 隋至初唐四兽镜
110. 隋至初唐盘龙丽匣瑞兽镜

111. 隋至初唐瑞兽镜

112. 唐八卦十二生肖镜

113. 唐八卦四灵镜
114. 唐瑞兽葡萄镜

115. 唐瑞兽葡萄镜
116. 唐瑞兽葡萄镜

117. 唐月宫镜

118. 唐鹦鹉镜

119. 唐嘉禾瑞兽镜
120. 唐仙人骑马骑鹤镜

121. 唐四马花卉镜
122. 唐飞禽花卉镜

123. 唐双鸾衔绶镜
124. 唐双鸾双龙镜

125. 唐双鸾瑞兽镜
126. 唐鸳鸯双龙镜

127.唐双凤瑞兽镜
128.唐缠枝宝相花镜

129.唐宝相花镜
130.唐宝相花镜

131. 唐花卉镜
132. 唐花卉镜

133. 唐花卉镜
134. 唐并蒂花卉镜

135. 唐鸳鸯双鸾镜
136. 唐双鸾镜

137. 北宋圆素镜
138. 北宋双龙镜

139. 北宋缠枝牡丹镜
140. 北宋双凤花卉镜

141. 北宋元祐镜
142. 北宋飞剑斩龙镜

143. 北宋道仙龟鹤镜
144. 北宋海兽望月镜

145. 北宋比目鱼镜

146. 北宋杭州钟家镜

147. 北宋杭州高家镜

148. 南宋湖州石家镜
149. 南宋湖州石家镜

150. 南宋湖州石家镜
151. 南宋湖州石家二叔店镜

152.南宋湖州石家二叔店镜

153.南宋湖州石二郎镜

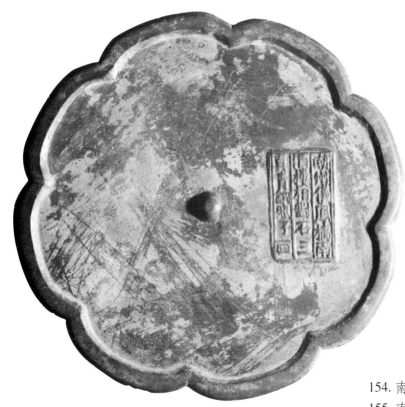

154. 南宋湖州石三郎镜
155. 南宋湖州石三镜

156. 南宋湖州石十郎镜
157. 南宋湖州石十三郎带柄镜

158. 南宋湖州石十五郎镜
159. 南宋湖州石十六郎镜

160. 南宋湖州石十八郎镜
161. 北宋湖州石家念二叔镜

162. 南宋湖州石家念二叔镜
163. 南宋湖州镜

164. 南宋湖州徐家双鱼镜

165. 南宋湖州石道人镜
166. 南宋湖州铸鉴局镜

167. 南宋临安府小作院镜
168. 南宋婺州官铸镜

169. 南宋婺州季家镜
170. 南宋炉形镜

171. 南宋带环钟形镜
172. 元汉梵准提咒文佛字镜

173. 明洪武云龙镜
174. 明送子镜

175. 明银锭镜
176. 明绍兴孙爱山镜

177. 明祁家造龙虎镜

178. 清薛晋侯镜

179. 清薛惠公双龙镜
180. 清茗溪薛惠公造镜
181. 清茗溪薛惠公造镜

彩版说明

    彩版 1·西汉蟠螭纹镜　安吉博物馆藏品。1998 年安吉良朋上柏出土。直径 10.5 厘米。三弦纽，螭纹纽座。座外围以一圈铭文："愁思悲愿见忠君不悦相思愿毋绝。"主纹由四螭纹组成，用图案分隔成四区。素卷缘。

    彩版 2·西汉清白连弧铭带镜　安吉博物馆藏品。1998 年安吉良朋上柏出土。直径 16.3 厘米。圆纽，并蒂莲珠纹纽座，座外内向八连弧纹，间以图案。铭文为："洁清白而事君志之弇明天作玄兮流泽恐疏思日望美人外可说永恩而毋绝。"

    彩版 3·西汉四乳蟠螭纹镜　绍兴市文物管理局藏品。绍兴市南池公社上谢墅出土。直径 19 厘米。半圆纽。柿蒂纹纽座。其外为素凸圈一周，栉齿纹两周。主纹分为四区，每区饰蟠螭纹。素边凸起。

    彩版 4·东汉内连弧纹镜　绍兴县文物保护所藏品。直径 14.4 厘米。圆纽，柿蒂纹纽座。纽座间分置"君宜高官"四字，座外一圈凸弦纹，再外一周十内连弧纹。素宽缘。2003 年富盛金家岭村薛家山东汉墓出土，伴出的有黛板、釉陶罐、砺石等。

    彩版 5·东汉八乳博局镜　绍兴市文物管理局藏品。1979 年绍兴县上蒋凤凰山出土。直径 14.5 厘米。半圆纽，直径 2、高 0.7 厘米。重圈方格纽座。内区饰八乳、禽兽及博局纹。周铭："桼言之纪从镜始，长葆二亲利孙子，辟去不羊宜古市，寿如金石耆王母，乐乃始。"外区饰画文带及锯齿纹。

    彩版 6·汉有善铜博局镜　上虞博物馆藏品。上虞县出土。直径 13.7 厘米。圆纽，圆形纽座，外围以双线方框。框外分饰 T 字纹。T 纹下方饰 L 纹，其间分饰青龙、白虎、玄武、羽人等神兽。篆书铭文："汉有名铜出丹阳取之为镜青且明八子九孙。"边饰画文带，禽兽纹。

    彩版 7·东汉博局四神镜　绍兴市文物管理局藏品。绍兴县出土。直径 15.5 厘米。半圆纽，变形柿蒂纹纽座。内区饰博局纹、乳丁纹、青龙、白虎、朱雀、玄武等。周铭："尚方作镜真大巧，上有仙人不知老，渴饮玉泉饥食（文未完）。"内外区间饰栉齿纹，外区饰锯齿纹、双线波浪纹等。近似三角缘。

    彩版 8·东汉博局禽兽镜　绍兴市文物管理局藏品。绍兴县出土。直径 18.3 厘米。半圆纽，柿蒂纹凹形方格纽座。方格内周饰乳纹，间以"子丑寅卯辰巳午未申酉戌亥"。内区饰博局及禽兽纹。周铭："尚方作竟（镜）真大巧，上有山（仙）人不知老，渴饮玉泉饥食枣，浮由（游）（文未完）。"内外区之间饰栉齿纹。外区饰锯齿纹、双线波浪纹。

彩版9·东汉博局禽兽镜　衢州博物馆藏品。1974年衢州造纸厂工地出土。直径13.3厘米。半球形纽，柿蒂纹凹形框纽座。纽座外饰博局、禽兽纹。外围饰栉齿纹、锯齿纹和波浪纹。

彩版10·东汉鎏金五乳四神镜　义乌博物馆藏品。义乌县徐村乡出土。直径14厘米。圆锥形纽，重圈纽座。内区以五乳间隔五区，分别饰青龙、白虎、朱雀、玄武、羽人。周铭："尚方作镜真大巧，上有仙人不知老，渴饮玉泉饥食（文未完）。"外区饰变形蟠螭纹。镜背鎏金。

彩版11·东汉贞夫画像镜　浙江省文物考古研究所藏品。直径24厘米。大圆纽，连珠纹纽座。四乳丁将画面分为四组。一组：立有一带冠着袍男子，榜题"宋王"，一侧立有二侍从，榜题"侍郎"。另一侧下方置一博局盘。一组：立有一妇人，两手上举，一手拿弓，榜题"贞夫"。其身侧立有一妇人，身下有两妇人（人像较小，可能是表现主次关系）。一组：中为一楼阁建筑，阁内立有一人，楼阁之外有一人牵有一马。一组：两人举剑，怒目圆睁的模样。外有一圈铭文："周是作镜四夷服，多贺国家人民息，胡虏殄灭天下复，风雨时节五谷熟，长保二亲得天力，传告天下乐无极兮。"边缘兽文带。2004年余杭星桥镇蜡烛庵东汉砖椁墓出土，伴出的有陶罐、黛板等。

此画像镜的故事是汉代流传的韩朋与贞夫的爱情故事，而镜中所题的宋王，很有可能就是故事中的宋康王。1979年敦煌马圈湾汉代烽燧遗址中发现的西汉晚期残简，据考证，其中的一枚残简记载有韩朋的故事片断。此故事还被收进晋干宝的《搜神记》、唐代敦煌变文中的《韩朋赋》等文学作品中。

彩版12·东汉神仙车马画像镜　绍兴市文物管理局藏品。1982年绍兴县上灶出土。直径22.1厘米。半圆纽。纹饰分为四区：两区饰六马驾辀车，骏马昂首疾驰，车后曳长帛，车上立一人，作张望状；另两区为神仙，可能是东王公和西王母，均有侍者。周铭："吴向阳周是作镜四夷服，多贺国家人民息，胡虏殄灭天下复，风雨时节五谷孰（熟），长保二亲得天力，传告后世乐无极。"外饰栉齿纹、锯齿纹和双线波浪纹。三角缘。

彩版13·东汉神仙车马画像镜　诸暨博物馆藏品。1984年诸暨县杨梅桥乡董公村出土。直径21厘米。内区纹饰作四分法布置，其中两组为四马驾辀车，车后拖长帛，马前为山峦；另两组为神仙和侍者。周铭："石氏作镜四夷（缺一字），多贺国家人民息，胡虏殄灭天下覆，风雨时节五谷熟，长保二亲（文未完）。"外区画文带一周。

彩版14·东汉神仙车马画像镜　奉化博物馆藏品。2003年奉化萧王庙后竺村东汉墓出土。直径21.7厘米。圆纽，连珠纹纽座。主纹内区以四乳丁为界分成四区。一区：东王公拱手而坐，榜题"东王公"，两侧有四个一组的羽人。与之对应的区域为西王母，拱手端坐，肩背部有具象的翅膀纹，在画像镜中少见，这是此镜的特别之处。两侧有羽人。另二组均为奔腾的马，一组奔马后有一组羽人，另一组为五马驾一辎车。外区有一圈铭文："石氏作镜四夷服，多贺国家人民息，胡虏殄灭天下复，风雨时节五谷熟，长保二亲得天力，乐无已。"边缘禽兽带。

彩版15·东汉神仙车马画像镜　绍兴市文物管理局藏品。1971年绍兴县娄宫出土。直径21.6厘米。圆锥形纽，连珠纹纽座。内区纹饰布局采用四分法：两组四马驾辎车，两组神仙，其中一组有"东王公"题榜，另一组当为西王母，均有侍者。周铭："驺氏作镜四夷服，多贺国家人民息，胡虏殄灭天下复，风雨时节五谷孰（熟），长保二亲（文未完）。"外区由栉齿纹、锯齿纹和双线波浪纹组成。三角缘。

彩版16·东汉神仙车马画像镜　德清博物馆藏品。1983年德清县澉山乡蠡山出土。直径20.5厘米。半圆纽，直径3、高1.5厘米。连珠纹纽座。内区分四组，其中青龙一组，车马一组，神仙两组。外区饰锯齿纹两周，内侧饰栉齿纹一周。

彩版17·东汉神仙车马画像镜　安吉博物馆藏品。2002年安吉递铺三官砖椁墓出土。直径19.8厘米。圆纽，连珠纹纽座。以乳丁为界画面分为四组，一组东王公，两侧有三个一组的羽人。榜题"东王公"。与之对应的当为西王母，两侧亦跪有三个一组的羽人。另一组画面为回首翘尾的虎，与之对应的是车马图案，二马驾一辎车。缘部禽兽带。此镜的独特之处是呈色丰富，有专家称之为"花镜"。

彩版18·东汉神仙车马画像镜　嵊州市文物管理处藏品。1987年嵊州三国东吴墓出土。直径18.4厘米。圆纽，圆纽座，外围以连珠纹。主纹以四乳丁为界分为四区，一区为西王母，拱手端坐，榜题"母"，边有侍者。与此纹饰相对应的一组纹饰几乎一样，只是榜题东王公。一为回首兽纹。对应的为一马驾一辎车，马车上坐一人，作探头状。外区有一圈铭文："蔡氏作镜佳且好，明而日月世少有，刻治分守悉皆在，令人富贵宜孙子。"边缘云气纹。

彩版19·东汉神仙车马画像镜　奉化文物保护所藏品。2005年奉化白杜林场南岙一山厂古墓群，东汉砖椁墓出土。直径19.8厘米。圆纽。三角缘。纹饰以四乳丁分为四区，东王公、西王母各一组，边有侍者、羽人。一区饰虎纹，姿态张扬。一区为二马驾辎车。

彩版20·东汉神仙戏马舞蹈镜　浙江省博物馆藏品。直径21厘米。内区纹饰以四乳隔作四组：一组为四人骑马奔驰，作游戏状；一组为东王公；一组为西王母，均有题榜；一组为二人舞蹈，旁有人奏乐、表演倒立。构图别致，在东汉画像镜中是罕见的。

彩版21·东汉瑞兽神仙画像镜　绍兴市文物管理局藏品。绍兴县坡塘公社安山队傅家坞出土。直径 17.7 厘米。圆锥形纽，双线方格纽座。内区纹饰分四区，其中两区饰龙，另两区分别为凤和羽人。外区饰画文带。三角缘。

彩版 22·东汉龙虎神仙画像镜 浙江省博物馆藏品。绍兴县出土。直径 18.6 厘米。半圆纽，连珠纹及双线方格纽座。内区纹饰作四分法布局：龙、虎各一组，东王公、西王母各一组。外区锯齿纹两周，弦纹一周，其内为栉齿纹。斜缘。

彩版 23·东汉龙虎神仙画像镜 诸暨博物馆藏品。1973 年诸暨县新壁乡五湖村出土。直径 18 厘米。内区纹饰分四组：龙、虎各一组，另两组为神仙。神仙两侧有侍者或羽人。外区饰蟠螭纹一周。

彩版 24·东汉龙虎骑马画像镜 绍兴市文物管理局藏品。1975 年绍兴县五星公社新建大队出土。直径 18.3 厘米。圆锥形纽，圆圈凹形方格纽座。内区纹饰为四组，分别为青龙、白虎、异兽、羽人骑马。线条粗犷雄浑、神态逼真。外区饰画文带，三角缘。

彩版 25·东汉龙虎骑马画像镜 绍兴市文物管理局藏品。绍兴县夏历公社墅坞大队出土。直径 17.8 厘米。圆锥形纽。内区以四乳分隔成四区，分别饰龙、虎、辟邪、羽人骑马。外区为流云纹画文带。近似三角缘。

彩版 26·东汉神人神兽画像镜 浙江省博物馆藏品。绍兴漓渚出土。直径 19.8 厘米。四乳丁将画面分成四区，分别为西王母、东王公、马及带翼虎。

彩版 27·东汉屋舍人物画像镜 上虞博物馆藏品。上虞县出土。直径 21.3 厘米。内区以四乳分为四组，对称布局：一组为重檐屋舍，中立一柱。一组为重檐屋舍，舍前铺路；两侧各有一人相对而坐，作交谈状；一组为人物，其中一人居中坐，左右各立侍者；一组为人物，其中一人居中坐，左右各立侍者；一组为重檐屋舍，舍前道路曲折，路边一兽作奔驰状。外区饰锯齿纹两周，内侧为栉齿纹。斜缘。此类画像镜在浙江仅见此一例。

彩版 28·东汉四神画像镜 安吉博物馆藏品。直径 15.1 厘米。圆纽，方纽座，座之四角缀以卷草纹。主纹以乳丁为界分成四区，分别饰朱雀、白虎、双角兽、青龙。2001 年安吉高禹五福东汉砖室墓出土，伴出的有东汉船形瓷灶。

彩版 29·东汉四兽画像镜 绍兴市文物管理局藏品。绍兴县出土。直径 21 厘米。内区饰龙、虎、鹿及独角兽。独角兽后有一羽人。外区栉齿纹、锯齿纹及画文带组成。

彩版 30·东汉环状乳半圆方枚神兽镜 绍兴市文物管理局藏品。绍兴县出土。直径 13.5 厘米。神兽作环状布局。神人神兽下端分置八个圆轮状物，通常称为环状乳。外区画纹带。平缘涡纹。

彩版 31·东汉环状乳半圆方枚神兽镜 上虞博物馆藏品。上虞出土。直径 15.5 厘米。圆纽，连珠纹座。纽上方为伯牙弹琴，一神作侧耳聆听状。下侧两边饰辟邪。纽两侧为东王公、西王母。纽下方有一神人。边有羽人及辟邪。有十五半圆方枚,四字一枚,内可辨铭文:"吾作明镜,天王日月,幽湅三商,天王日月,世得光明,天王日月,大吉命长。"缘部内区为画文带,上饰六龙驾云车、凤鸟等。外区饰菱形方格云纹。通体纹饰精致细密。

彩版32·东汉环状乳半圆方枚神兽镜 龙游博物馆藏品。1991年龙游东华山东汉砖室墓出土。龙游博物馆藏品。直径16.4厘米。圆纽,连珠纹纽座。主纹为四组神人神兽绕纽环列一周。一组:西王母拱手端坐,侧有壁邪。与之对应的为东王公,边侧饰辟邪。一组伯牙弹琴,两旁有两神人,其中一神作侧耳聆听状,边有辟邪。一组一神人端坐,做张掌的姿态,似在论道,旁坐一神人,似在聆听。侧饰雀与壁邪。十二方枚,每枚有四字铭,字迹模糊。边缘内区画文带,饰飞龙、龟,羽人骑虎、骑凤,六龙驾云车等,均朝同一方向作奔腾状,动感十足。外缘云纹。

彩版33·东汉环状乳半圆方枚神兽镜 奉化市文物保护所藏品。2005年奉化白杜林场南岙—山厂古墓群六朝砖室墓出土。直径12.6厘米。圆纽,连珠纹纽座。主纹以四辟邪分成四组。一组东王公,与之相对为西王母。一组为伯牙弹琴,伯牙居中,两侧有神人,其中一神人作侧耳聆听状。一组为一神。八环状乳分列其间,上均置神人神兽。十二半圆方枚,方枚内四字铭文,可辨有"吾作明镜、子孙成王、统得序道、幽湅三商"等。此镜的独特之处为半圆内各饰有兽首纹。边缘画文带。同墓出土的还有青瓷小水盂。

彩版34·东汉环状乳半圆方枚神兽镜 绍兴市文物管理局藏品。绍兴出土。直径14.2厘米。圆纽,圆纽座,外围以连珠纹。主纹基本以四辟邪将纹饰分成四组神人神兽。八环状乳环列其间,上饰神人、神兽。十二半圆方枚,方枚内有铭文,一枚四字,有"吾作明镜"等,其余难辨识。半圆内饰云纹。缘部内区为画文带,外区饰云纹。

彩版35·东汉鎏金环状乳半圆方枚神兽镜 上虞博物馆藏品。上虞出土。直径15.4厘米。圆纽,连珠纹纽座。主纹有四组神人神兽。一组:东王公拱手端坐。与之对应为西王母。另一组神人神兽,应为伯牙弹琴,两边各坐一神,其中有一神作侧耳聆听状。与之对应已缺失一块,仅残留侧身神人纹饰。十二半圆方枚,方枚内可辨铭文:"吾作明镜,幽湅三商,其师命长"。半圆内有云纹。缘部画文带,有六龙驾云车,羽人骑龙、羽人骑凤等纹。缘部外区为变形云纹。

彩版36·东汉环状乳半圆方枚神兽镜 绍兴文物管理局藏品。绍兴出土。直径14厘米。圆纽,圆纽座,外围以连珠纹。主纹基本以四辟邪分四组神人神兽,绕纽环列。一组西王母。与之对应的是东王公。一组伯牙弹琴,有两神人在其侧,其中一神人作侧耳聆听状。一组一神人拱手端坐。八个环状乳分列其间。十二方枚内有铭文,四字一枚排列,可辨"吾作明镜,幽湅三商,子孙番昌,利□命长,自作,百师"等。缘内区

219

画文带，饰六龙驾云车，羽人骑龙、凤鸟，羽人骑虎等，纹饰精致，极富动感。外缘云纹。

彩版 37·东汉环状乳半圆方枚神兽镜 绍兴县文物保护所藏品。1987 年富盛镇半山方吞村出土。直径 12 厘米。圆纽，外围以连珠纹纽座。主纹基本以四辟邪将画面分成四区，区内四组神人神兽。一组西王母，与之相对的为东王公。一组为伯牙弹琴，一神作侧耳聆听状。一组有两神人。八环状乳分列其间。外区十二半圆方枚中，上有铭文："吾作明镜，幽涑三商，周刻无极。"画文带饰有飞龙、禽鸟、羽人骑鸟、六龙驾云车等。云纹缘。

彩版 38·东汉环状乳半圆方枚神兽镜 绍兴市文物管理局藏品。1997 年绍兴福全公社直埠老家桥对岸出土。直径 10.5 厘米，圆纽。主纹基本以四辟邪将画面分成四组神人神兽，两组夹纽相对而置。四环状乳分列其间，上置神人神兽。十一个半圆方枚，内有铭文，合为："吾作明镜，幽涑三商，其师□。"缘内区有铭文："吾作明镜，幽涑三商。"外缘云纹。

彩版 39·东汉半圆方枚神兽镜 绍兴县文物保护管理所藏品。2001 年绍兴平水镇下灶出土。直径 13.6 厘米。圆纽。主纹内区为四辟邪，间以图案式花草纹。外区十半圆方枚中，有铭文："吾作明镜，幽涑三商，配像万疆，统德序道，敬奉贤良，千秋日利，百年乐寿，富贵安乐，子孙蕃昌，其师命长。"边缘内区画文带。

彩版 40·东汉半圆方枚重列神兽镜 浙江省博物馆藏品。余杭出土。直径 9.9 厘米。圆纽，圆纽座。主纹三段，上段中为伯牙弹琴，两侧坐有神人，其中一神作侧耳聆听状。中段，东王公、西王母，侍者分置于纽之两侧。半圆方枚十，方枚内有铭文："吾作明（镜）福富贵乐安师命。"缘部内区铭文有："吾作明镜，幽涑三商，雕刻极无，配像疆万，伯牙乐举，众神容见，百福存并，福禄从是，富贵延□，子孙番昌，曾年（益寿）。"外区云纹。

彩版 41·东汉建安十年重列神兽镜 绍兴市文物管理局藏品。绍兴县出土。直径 14.8 厘米。半圆纽大而扁，直径 4.8、高 0.6 厘米。连珠纹纽座。三段重列：上段四神，中段两神三兽，下段一神一侍三兽。周铭："吾作明镜，幽涑宫商，周罗容象，五帝天皇，白牙弹琴，黄帝除凶，朱鸟玄武，白虎、青龙，服者豪贵，延寿益年，子孙番。建安十年造。"平缘，其上饰双线连环纹。

彩版 42·东汉重列神兽镜 绍兴县文物保护所藏品。2001 年平水镇剑灶村出土。直径 13.4 厘米。圆纽。主纹为五段重列。

彩版 43·东汉重列神兽镜 武义博物馆藏品。武义履坦公社出土。直径 12.2 厘米。扁圆纽，直径 2.8、高 0.4 厘米。

彩版 44·东汉重列神兽镜 兰溪市博物馆藏品。1976 年兰溪县永昌乡出土。直径

12.3 厘米。半圆纽。神兽作五段重列。周铭："吾作明竟商周幽涑□雕容象□□□□白牙弹琴黄帝除凶朱鸟玄武白虎青龙君宜高官位至三公子孙番。"

彩版 45·东汉重列神兽镜 绍兴市文物管理局藏品。1977 年绍兴县兰亭大馒头墩出土。直径 11.5 厘米。五段重列。平缘上饰流云纹。

彩版 46·三国吴重列神兽镜 诸暨博物馆藏品。诸暨县紫云乡边旺村淡西山出土。直径 13.6 厘米。五段重列。周铭减笔甚多。

彩版 47·三国吴重列神兽镜 武义博物馆藏。1994 年武义履坦棺山出土。直径 12.4 厘米。扁圆纽。主纹五段重列。

彩版 48·三国吴重列神兽镜 龙游博物馆藏品。1990 年龙游县出土。直径 14.1 厘米。圆纽。主纹为五段重列。

彩版 49·三国吴重列神兽镜 武义博物馆藏品。1994 年武义履坦出棺山出土。直径 12.5 厘米。扁圆纽。主体纹饰分成五段，第一段一拱手端坐神人，左右两侧朱雀。第二段居中为两神人，旁有二侧身侍者。中直书"君宜"两字。第三段即纽两侧各有一神端坐。第四段为两神兽。中直书"高官"两字。第五段中为两神人，两旁一边为侧身侍者，另一边有一神兽。缘部铭文不易识读。

彩版 50·东汉同向式神兽镜 龙游博物馆藏品。2004 年龙游寺袁底东汉砖室墓出土。直径 13.8 厘米。扁圆纽，连珠纹纽座。主纹分三组，第一组位于纽上方，有三神，一神居中端坐，左右一神侧身而坐。下方左右各饰有辟邪。纽两边各有一神人端坐。纽下方有两神人，两头微向前倾靠拢，似在交谈。两侧各有辟邪。缘内区一圈铭文，字迹漫漶不易识读，外缘为云纹。伴出的有釉陶盘口壶两件。

彩版 51·东汉半圆方枚同向式神兽镜 兰溪博物馆藏。1973 年白沙乡太阳岭出土。直径 11.9 厘米。圆纽，花瓣形纽座。主纹分内外两区，内区有六神人四神兽呈同向式排列。

彩版 52·三国吴半圆方枚对置式神兽镜 龙游博物馆藏品。1988 年龙游岩头村出土。直径 14 厘米。扁圆纽。主纹基本以一神两雀两辟邪为组合，共四组，两两相对绕纽排列。十半圆方枚。缘部内区有"黄龙三商"等铭。

彩版 53·三国吴永安七年半圆方枚神兽镜 衢州博物馆藏品。1982 年衢州市白坞口公社出土。直径 14.5 厘米。半圆纽略扁，直径 3.6、高 0.6 厘米。六神四兽，作对置式布局。方枚铭文"吾作明镜"等。周铭："永安七年五月廿四日造作明镜，百炼清铜，服者老寿，□□□□，家有五马千头羊，乐未央。"

彩版 54·东汉龙虎镜 绍兴县文物保护所藏品。2002 年绍兴漓渚出土。直径 14.8 厘米。圆纽。主纹以龙虎绕纽作相峙翻腾状，下似有一猴。外区铭文："杜氏作镜善毋伤，和以银锡清且明，□用造成文章，□侯天禄居中央，十男五女乐无忧兮如侯王。"

伴出的有汉代黛板、釉陶罐等。

　　彩版 55·东汉龙虎镜　浙江省博物馆藏品。直径 9.7 厘米。半圆纽。纽外龙虎对峙，其旁有"青羊志兮"四字。

　　彩版 56·东汉龙虎镜　上虞博物馆藏品。上虞出土。直径 14.5 厘米。圆纽。主纹为龙虎绕纽对峙作咆哮翻腾状。纽下跪坐一羽人。铭文："石氏作镜世少有，仓龙在左，白虎居右，仙人子乔于后，为吏高，价万倍，辟去不详（祥）利孙子，千秋万岁生长久。"

　　彩版 57·东汉盘龙镜　绍兴市文物管理藏品。绍兴县出土。直径 11.4 厘米。圆锥形纽。纽外盘龙，下部一龟一蛇。外区蟠螭纹带。斜缘。

　　彩版 58·三国四叶龙凤镜　武义博物馆藏品。1992 年武义端村出土。扁圆纽。直径 15.2 厘米。主纹为桃形四叶，叶内各饰龙纹。四叶间饰有对凤、十六内连弧纹内饰龙纹等，宽素缘。

　　彩版 59·三国四叶飞天对凤镜　武义博物馆藏品。武义出土。直径 15 厘米，扁圆纽。沿纽有四片桃形叶，两叶内饰有飞天。另一叶纹饰漫漶不清，一叶缺失。四叶间饰四对凤。内向十六连弧内饰有飞天、巨蟹、朱雀、蟾蜍、九尾狐、赤鸟、宝瓶、天枰等。

　　彩版 60·西晋四叶人物镜　金华侍王府纪念馆藏品。1976 年金华古方窑厂出土。直径 16.7 厘米。半圆纽。纽外伸出四叶纹，每叶饰一人，题曰"弟子仲由"，"弟子颜渊"，"弟子子贡"，"圣人（孔子）"。每叶间饰双鸟。此镜纹饰较少见。

　　彩版 61·唐双鸾衔绶镜　衢州博物馆藏品。1973 年衢州市铜山坑水库出土。菱花边，直径 16.7 厘米。半圆纽。纹饰采用对称的四分法布局：上部为双鹊衔绶飞翔；下部饰鸳鸯和两枝宝相花；两侧有双鸾踏花衔绶。在唐代铜镜采用双鸾衔绶为纹饰主题的甚多，取其吉祥之意。绶，象征寿，也就是长寿的意思。唐玄宗诗句中有："更衔长绶带，留意感人深。"张说诗句中有："千秋题作字，长寿带为名。"鸾和凤都是古人想像中的神异珍禽，其形象为鸡头、燕领、蛇颈、鱼尾、羽毛五色备举，唯前者青色，后者多赤色。铜镜浮雕无色彩，故鸾、凤难以细别。

　　彩版 62·唐双凤飞雀花卉镜　1983 年衢州市寺后公社出土。直径 18 厘米。半球形纽。纽外两侧饰双凤，上方饰飞雀花卉，下方饰花卉流云。葵花边，每瓣内均饰流云及花卉。

　　彩版 63·唐双鸳瑞兽云纹镜　绍兴文物管理局藏品。直径 22.2 厘米。圆纽，八出菱花边。主纹内区绕纽放射出四束云朵，云间匀饰两狻猊及两对双鸳。外区间饰蝶云纹。

　　彩版 64·唐真子飞霜镜　宁海文物县文物事业管理委员会藏品。1983 年宁海文物普查时征集。据了解，此镜为当地村民从溪流中发现。直径 24 厘米。镜面布局清新，纽一侧有人端坐抚琴，前置一案，案上置笔砚。下方为池水湖面，错落有致。水中一株荷叶亭亭伫立，叶上伏龟，形成镜纽。纽另一侧凤凰展翅欲飞。远处疏林丛竹，云山隐约，景色清幽。

彩版65·唐真子飞霜镜　衢州市文物管理委员会藏品。直径 24 厘米。镜背上部祥云托月，下有水池山石，池中一枝荷叶，叶上伏龟形镜纽；左侧凤凰展翅，右侧一人鼓琴，后有竹林，前设几案，案上置笔砚。上部有"真子飞霜"四字。周铭："凤凰双镜南金装。阴阳各为配，日月恒相会，白玉芙蓉匣，翠羽琼瑶带。同心人，心相亲，照心照胆保千春。"

彩版66·唐月宫镜　衢州博物馆藏品。1982 年衢州市文物管理委员会征集。直径 15 厘米。画面以月宫为题材，中部饰桂树，树下一侧为玉兔捣药，旁有蟾蜍，另一侧为嫦娥，衣带飘舞。月宫外流云萦绕。镜边作菱花形。

彩版67·唐双雀衔绶云龙镜　衢州博物馆藏品。1980 年衢州市樟潭出土。直径 15.1 厘米。纹饰分四区，上端饰月宫桂树和玉兔，下部为祥云海浪与蛟龙。两侧各有一雀衔绶。镜边作八瓣葵花状。

彩版68·唐鸳鸯双龙镜　衢州市博物馆藏品。1978 年衢州市樟潭公社出土。直径 14.5 厘米。半球形纽。纽外两侧饰鸳鸯，上下为飞龙。镜边菱花形，内饰蜜蜂和云纹。

彩版69·唐飞鹤飞仙镜　绍兴市文物管理局藏品。1980 年绍兴县坡塘乡曙光大队出土。直径 18.3 厘米。镜背纹饰以半圆纽为中心，基本上采用了对称四分法的布局。上下为飞仙，两侧为飞鹤，均朝同一个方向飞翔。如意云纹是古代铜镜常见的云纹式样，取吉祥之意。通体翠绿为该镜独特之处。

彩版70·唐十二生肖飞仙镜　武义博物馆藏品。武义出土。直径 14.8 厘米。龟纽，方纽座，纽外有方格，格内有水波纹，四角有山纹。其外围以方格，外环列十二生肖。再外由方格分成四区，置乘云飞仙，其中有两飞仙手捧圆状物。

彩版71·唐十二生肖镜　武义博物馆藏品。1986 年武义邵宅乡圣经堂出土。直径 12.5 厘米。龟纽，分内外两区。内区有凤凰等四禽鸟，间饰花草。外区饰十二生肖。边饰枝草图案。

彩版72·唐云龙镜　衢州博物馆藏品。1981 年衢州市沐尘公社出土。直径 15 厘米。纽外云间飞龙腾绕，矫健凶猛。镜边作八瓣葵花状。

彩版73·唐花枝镜　兰溪博物馆藏品。2000 年兰溪游埠出土。直径 18.8 厘米。圆纽，纽外围以四蝶。主纹为四株花枝，禽鸟环绕其间。通体基本为黑漆古，仅近纽处有一块银白色。

彩版74·北宋都省铜坊官镜　浙江省文物考古研究所藏品。2001 年杭州雷峰塔地宫出土。直径 17 厘米。该塔为五代吴越国钱弘俶时建。纽上有"官"字，纽右直书"都省铜坊"，左为"匠人倪成"。江苏连云港南唐时墓出土有同样的镜式。

彩版 75·五代线刻镜　浙江省文物考古研究所藏品。2001 年杭州雷峰塔地宫遗址出土。直径 10.3 厘米。线刻纹饰分上、下两部分。上部主体纹饰一女子在道士的引领下乘云升天，上饰星象、广寒宫、嫦娥，边饰仙鹤、龙纹及萧、鼓、琵琶等乐器。下半部主体纹饰为分列左右的两组队列，似在举行某种仪式。两边有楼阁、菩提树，正中有供桌，上置供品、灯具等。此图纹饰的上、下两部分内容应是相互呼应的。该镜镜面摹本采自《雷峰塔遗址》（浙江省文物考古研究所：《雷峰塔遗址》，文物出版社，2005年）一书。

彩版 76·北宋线刻东方提头赖吒天王镜　黄岩博物馆藏品。1987 年黄岩灵石寺塔出土。直径 24.9 厘米。小圆纽。镜背素面，镜面浅线刻东方提头赖吒天王。天王全身盔甲，头戴虎头冠，呈须发愤张的胡人形象，左手持剑，右手提飘带。足踏祥云。傍题"东方提头赖吒天王"。周刻"乾德四年丙寅九月十五日勾当僧归进慕缘舍人塔永充供养灵石寺记"。在纽之下侧浅刻有"行者奉询"四字。

彩版 77·北宋线刻南方毗楼勒叉天王镜　黄岩博物馆藏品。1987 年黄岩灵石寺塔出土。直径 25 厘米。小圆纽。镜背素面，镜面浅线刻南方毗楼勒叉天王。天王头戴虎头冠，身穿甲胄，帔帛飘扬。双手抱拳，肘间横金刚杵，跣足，踩于云朵之上。周刻"乾德四年上元丙寅玖月十五日勾当僧归进慕人塔永充供养咸丰元年十一月廿四日重建此塔僧绍光寺记灵石寺"。

彩版 78·北宋线刻西方毗楼博叉天王镜　黄岩博物馆藏品。1987 年黄岩灵石寺塔出土。直径 20 厘米。小圆纽。镜背有花枝禽鸟纹，纽旁有极细的线刻字，上书"僧志隆书"。镜面浅线刻西方毗楼博叉天王。天王面作胡人形，身着甲胄，着靴，踏于云头。周刻"乾德四年丙寅九月十五日勾当僧归进慕缘舍人塔永充供养灵石寺记"。

彩版 79·北宋线刻北方毗沙门天王镜　黄岩博物馆藏品。1987 年黄岩灵石寺塔出土。直径 20 厘米。小圆纽。镜背素面，镜面浅线刻北方毗沙门天王像。天王戴高冠，全身胄甲，右手托塔，左手持长矛，上端悬幡，幡上有"天王"二字。足踏祥云。右侧刻："北方毗沙门天王"。周刻"僧归进慕缘舍人塔永充供养乾德四年丙寅九月记灵石寺记"。

彩版 80·北宋线刻释迦牟尼镜　黄岩博物馆藏品。1987 年黄岩灵石寺塔出土。直径 16.8 厘米。圆纽。镜背素面，镜面浅刻图纹，中为释迦牟尼佛，结跏趺坐，手作说法印。覆莲座。身后为阿难、伽叶，两侧为善男童女，前两侧为金刚力士。中部阴线刻款"僧保诚奉为息三友永充供奉咸平元年十一月廿四是日"。镜背纽之一侧浅刻有直书"僧志隆为"。

彩版81·明五子登科镜　兰溪博物馆藏品。1983 年兰溪七里坪农场出土。直径 16.7 厘米。柱式平纽，中有一方印，上有"薛仰溪造"四字。主纹以纽为中心，上下左右分四方框，框内有"五子登科"。字间有四童子，手中分别持有大刀、长弓、宝剑、铜钟。

图版说明

图版 1·西汉昭明连弧铭带镜　嵊州市文物管理处藏品。嵊州出土。直径 12.8 厘米。半圆纽。纽外饰连珠纹，围以素圈，外饰连弧纹。再外为周铭："内清以昭明，光象夫日之月，心忽忠□雍塞忠不泄。"此类镜为西汉末之作品。

图版 2·西汉日光镜　绍兴县出土。直径 8.4 厘米。小圆纽。素圈纽座。外饰内向连弧纹。周铭："见日之光，天下大明。"宽素边。

图版 3·西汉四乳七曜镜　衢州博物馆藏品。1979 年龙游县出土。直径 10.4 厘米。连弧式纽座。外饰四组乳纹连珠，间以七曜。缘饰内向连弧纹。

图版 4·西汉长相思镜　绍兴市文物管理局藏品。绍兴县出土。直径 11.3 厘米。连峰纽。凹纹方格纽座。座外铭文："长相思，毋相忘，常贵富，乐未央。"铭文外围饰以凹纹方格，方格四条边线外各饰一乳丁四叶纹，四角饰变形草叶纹。镜外饰内向连弧纹。

图版 5·西汉四乳四螭镜　绍兴市文物管理局藏品。绍兴县出土。直径 11.2 厘米。半圆纽直径 1.5、高 0.8 厘米。

图版 6·西汉四乳四螭镜　绍兴市文物管理局藏品。绍兴县坡塘公社芳泉大队出土。直径 19 厘米。半圆纽，柿蒂纹纽座。再外为周铭："内青所（质）□以□明，光夫象日月不□。"

图版 7·东汉内连弧纹镜　上虞博物馆藏品。上虞出土。直径 11.5 厘米。圆纽，柿蒂纹纽座。八内向连弧纹，外围以篦纹。素宽缘。

图版 8·东汉连弧纹镜　上虞市博物馆藏品。1981 年上虞县横塘出土。直径 16 厘米。

图版 9·东汉尚方作镜博局镜　上虞博物馆藏品。上虞出土。直径 12.8 厘米。圆纽，柿蒂纹纽座，主纹以八乳丁和博局纹分隔成四区，区间有青龙、白虎、朱雀、玄武。外围以一圈铭文："尚方作镜真大巧，上有仙人不知老，渴饮玉泉饥食枣，吉羊（祥）兮。"

图版 10·东汉博局禽兽镜　绍兴县出土。直径 16 厘米。半圆纽。三线方格纽座，内饰八乳，间以"长宜子孙"四字。内区饰博局、乳丁和禽兽纹。周铭："汉有善铜出

226

丹阳，取之为镜清且明，左龙右虎备四旁，朱爵（雀）玄武顺阴阳，八子（文未完）。"

图版 11·东汉博局禽兽镜 慈溪市博物馆藏品。慈溪出土。直径 16.3 厘米。半圆纽。凹形方格纽座，上饰乳纹一周，间以"子丑寅卯辰巳午未申酉戌亥"十二字。内区饰博局、禽兽及乳纹，周铭："上大山，见神人，食玉英，饮澧泉，驾蜚龙，乘浮云，官□秩，保子孙，乐未央，贵富昌。"

图版 12·东汉博局禽兽镜 绍兴市文物管理局藏品。绍兴县出土。直径 18.3 厘米。半圆纽，凹线方格纽座。内饰乳纹，间以"子丑寅卯辰巳午未申酉戌亥"。内区饰乳丁、博局及禽兽纹。周铭："尚方作镜真大巧，上有仙人不知老，饮玉泉，饥食枣。"外区饰锯齿纹两周和双线波浪纹一周。三角缘。

图版 13·东汉博局四神禽兽镜 嵊州文物管理处藏品。嵊县出土。直径 18 厘米。半圆纽。柿蒂纹凹形方框纽座，上饰乳纹，间以"子丑寅卯辰巳午未申酉戌亥"。内区饰博局纹、四神及禽兽纹。周铭："尚方作镜真大巧，上有仙人不知老，渴饮玉泉食饥枣（应作饥食枣）。"外区饰锯齿纹两周，双线波浪纹一周。三角缘。

图版 14·东汉博局四神禽兽镜 嵊州文物管理处藏品。嵊县出土。直径 14.9 厘米。半圆纽。纽座由九乳、重圈及凹形方格组成。内区饰八乳、博局纹、四神和禽兽纹。周铭："食玉英，饮醴泉，驾蜚龙，乘浮云，周复始，传子孙，昭□脅，直万金，象衣服，好可观，宜街人，心意欢，长澜志，固常然。"外区饰弦纹、锯齿纹、双线波浪和连珠纹。

图版 15·东汉博局四神镜 绍兴市文物管理局藏品。绍兴县出土。直径 12.5 厘米。半圆纽，柿蒂纹凹形方格纽座。内区以四枚乳纹作间隔，分为四区，每区饰 T 纹及青龙、白虎、朱雀、玄武。周铭："秦言之止（此）镜，青龙居左虎居右，辟去不详（祥）宜（文未完）。"外区饰龙凤等图案。平缘。

图版 16·东汉博局四神镜 龙游博物馆藏品。1978 年龙游出土。直径 10.9 厘米。半球形纽，柿蒂纹凹形方框纽座，方格内周饰乳纹，间以"子丑寅卯辰巳午未申酉戌亥"。内区饰青龙、白虎、朱雀、玄武、博局纹和禽兽纹。周铭："尚方作镜真大巧，上有仙人不知老，渴饮玉泉饥食枣，天下敖（缺字漏句）。"外区饰锯齿纹和双线波浪纹。

图版 17·东汉博局四神镜 绍兴市文物管理局藏品。绍兴县出土。直径 16.8 厘米。半圆纽，凹形方框内饰乳纹及"子丑寅卯辰巳午未申酉戌亥"。内区饰乳纹、博局纹及四神等。周铭："新有善铜出丹阳，和以银锡清且明，左龙右虎掌四彭（旁），朱爵（雀）玄武顺阴阳，八子九孙治中央。"内外区之间饰栉齿纹一周，外区饰锯齿纹两周，双线波浪纹一周。

图版 18·东汉七乳禽兽带镜 瑞安市文物馆藏品。1978 年温州白象公社出土。直

径 18.8 厘米。半圆纽，纽外饰重圈。里圈环列九乳，并有"宜子孙"三字。外圈铭文："内而明而光涑石峰下之清见乃已知人菁心志得乐长生。赵"又外饰龙、虎、凤、雀、羽人等，间以七乳。边饰锯齿纹和变形蟠螭纹。

图版 19·东汉七乳禽兽带镜 浙江省博物馆藏品。直径 18 厘米。半圆纽。其外有"长宜子孙"四字，间以乳纹。重圈外饰朱雀、长尾鸟、白虎、独角兽、玄武、羽人、青龙，间以乳纹。再外饰锯齿纹及画文带。

图版 20·东汉神兽带镜 此镜纹饰极精，1949 年前散失，系原物拓片。绍兴漓渚出土。直径 20.2 厘米。采用重圈环带形式构图。半圆纽。里圈铭文："富贵长寿宜子孙大吉。"间以乳纹，围以栉齿纹、素圈和勾连纹。其外饰神仙、灵兽等，分别题刻："赤诵马"、"王乔马"、"辟邪"、"铜柱"。另有"柏师作"三字。"柏"是姓，"师"是工匠身份，可能是一家私人作坊。

图版 21·东汉禽兽人物画像镜 绍兴市文物管理局藏品。1983 年绍兴县禹陵公社王丁大队出土。直径 16.4 厘米。五乳，有弄丸杂伎二人。外区画文带四枚钱文，其中两枚为"五朱"。斜缘。周铭："尚方作竟真巧，上有仙人不知老（文未完）。"

图版 22·东汉神仙车马画像镜 此镜 1949 年前散失，系原物拓片。传绍兴县出土。直径 21 厘米。半圆纽，素圈纽座。纹饰分为四区，实际上是两组题材，描写穆天子会见西王母的故事。一组为四马驾车，骏马飞奔，长帛飘扬；另一组为神仙，仪态安详，旁立侍者。

图版 23·东汉神仙车马画像镜 绍兴县出土。直径 22 厘米。半圆纽，素圆纽座。内区作四分法布置：一组车马，三组神仙。神仙中一组为挥长袖起舞的西王母，题榜为"东王母"，"东"系"西"之误刻。周铭"田氏作镜□，多贺国家人民息，胡虏殄灭天下復，风雨时节五谷熟，长保二亲得天力，圈圈后世乐无极"。外区两周锯齿纹，一周双线波浪纹，其内侧为栉齿纹。三角缘。

图版 24·东汉神仙车马画像镜 浙江省博物馆藏品。直径 20.6 厘米。半圆纽，连珠纹纽座。纹饰作四分法布置，其中两组为车马，车后拖长帛；另两组为神仙，旁有侍者和羽人。周铭："尚方作镜四夷服，多贺国家（人）民息，胡虏朱（诛）灭天下復，风雨时节五谷熟，长保二亲得天力，传告（文未完）。"

图版 25·东汉吴王、伍子胥画像镜 此镜 1949 年前散失，系原物拓片。绍兴县漓渚出土。直径 20.5 厘米。半圆纽，连珠纹纽座。纹饰描写伍子胥历史故事，作四分法布置：一组为伍子胥举剑自刎，题曰："忠臣伍子胥"；一组立二人，题曰："越王"、"范蠡"；一组是二女及宝器，题曰："越王二女"；另一人题曰"吴王"。周铭："驺氏作镜四夷服，多贺国家人民息，胡虏殄灭天下復，风雨时节五谷熟，长保二亲得天力，传告后世乐无极。"

图版 26·东汉吴王、伍子胥画像镜　传绍兴县出土。直径 20 厘米。半圆纽，连珠纹纽座。内区作四分法布局：一组为伍子胥举剑自刎，题曰："忠臣伍子胥。"一组为吴王，有"吴王"二字题榜；一组为越王和范蠡；一组为二女及宝器，题曰："王女二人。"周铭："吴向里柏氏作竟四夷服，多贺国家人民（息），胡虏殄灭天下复，风雨时节五谷熟，长保二亲得天力，传告后世乐无极兮。"

图版 27·东汉龙虎神仙画像镜　兰溪市博物馆藏品。1978 年兰溪县煤矿工地出土。直径 17.1 厘米。半圆纽，凹形方框纽座。内区饰龙虎各一组，神仙两组。外区饰栉齿纹和锯齿纹。斜缘。

图版 28·东汉龙虎神仙画像镜　绍兴县出土。直径 19.8 厘米。半圆纽，双线方格纽座。内区作四分法布置，其中龙虎各一组，神仙两组，神仙旁有侍者或羽人。外区饰锯齿纹两周，双线波浪纹一周。三角缘。

图版 29·东汉龙虎神仙画像镜　绍兴市文物管理局藏品。绍兴县出土。直径 19 厘米。半圆纽。重圈纽座。内区纹饰分为四区，分别饰以东王公（有题榜）、西王母、青龙、白虎，外区饰变形蟠螭纹。

图版 30·东汉龙虎神仙画像镜　浙江省博物馆藏品。直径 21.6 厘米。半圆纽。重圈纽座。内区以四乳分作四组，两组为神仙，旁有羽人；另两分别为青龙，白虎。外区为变形蟠螭纹。三角缘。

图版 31·东汉龙虎神仙画像镜　绍兴市文物管理局藏品。绍兴县红卫公社胜利大队出土。直径 20.5 厘米。半圆纽，凹形方格纽座，每角饰一鸟。内区以四乳分隔成四组，分别为青龙、白虎及两组神仙。外区为变形蟠螭纹。三角缘。

图版 32·东汉神仙画像镜　绍兴县出土。半圆纽，连珠纹纽座。内区饰神人四组，以四乳分隔，分别题榜为"东王公"、"西王母"、"女王二人"（应是王女二人）、"盛王"（盛王，可能即《尚书大传·金滕》"周公盛养成王"之成王）。外区画文带。素平凸边。

图版 33·东汉杂技舞蹈画像镜　绍兴县出土。直径 20.8 厘米。半圆纽，草节纹圈纽座。内区四分法布局，每组间一乳纹。一组饰杂技，有立于叠器之上者，有倒立龟上者；一组为单人舞蹈；另两组为神人，长须者大约是东王公。外区画文带。斜缘。

图版 34·东汉西王母舞蹈画像镜　浙江省博物馆藏品。绍兴县出土。半圆纽。直径 22 厘米。内区纹饰作四分法布局：一组为四马驾辒车；一组为西王母，但题榜误作"东王母"。西王母右手执巾，作舞蹈状；另两组为神仙，两侧有侍者及羽人。周铭："田氏作四服，多贺国家人民息，胡虏殄灭天下复，风雨时五谷熟，长保二亲得天力，传告后世乐无极。"（铭文有脱漏）

图版 35·东汉羽人四兽画像镜　绍兴市文物管理局藏品。绍兴县出土。直径 21.9

厘米。兽背上骑有羽人。外区为兽纹画文带。三角缘。

图版 36·东汉禽兽画像镜 绍兴市文物管理局藏品。1983 年绍兴县坡塘公社狮子山出土。直径 18 厘米。内区饰龙、虎、凤和独角兽。外区饰锯齿纹及画文带各一周。

图版 37·东汉禽兽画像镜 绍兴县漓渚出土。直径 18.6 厘米。半圆纽，双线方格纽座。内区作四分法布置，题材为孔雀、龙、虎、独角兽。外区饰锯齿纹及画文带。近似三角缘。

图版 38·东汉禽兽画像镜 此镜原物 1949 年散失，系原物拓片。绍兴县漓渚出土。直径 20.8 厘米。半圆纽，双线方格纽座。内区四分法，饰二龙、一虎、一孔雀。外区为锯齿纹和画文带各一周。

图版 39·东汉四兽画像镜 浙江省博物馆藏品。直径 18.4 厘米。半圆纽，双线方格纽座。内区分饰四组，分别为二龙、一虎、一马。外区画文带。

图版 40·东汉四神画像镜 绍兴县出土。直径 17.3 厘米。半圆纽，双线方格纽座，上饰"长宜子孙"四字。内区饰青龙、白虎、朱雀、玄武。外区饰锯齿纹及画文带。斜缘。

图版 41·东汉禽兽羽人画像镜 杭州市黄家山出土。直径 17.3 厘米。内区以四分法布置三兽、一羽人。外区画文带。三角缘。铭文："作镜真大巧，上有山（仙）人不□老。"

图版 42·东汉兽首镜 绍兴县文物保护所藏品。圆纽。直径 14 厘米。主纹分内外两区，内区以纽为中心围以蝙蝠形四叶纹，内各有一兽首纹，四叶间亦分置兽首，下有直书铭文，分别为三公、宜侯王、富贵、大吉祥。外区有 23 个内向连弧纹，间以如意形图案。缘部内区有一圈铭文："吾作明镜，幽涑三商，雕模祖无，□□□康自身，兴乐众神，贵商天命，向西游，福禄自天，婴常服，为富贵，番昌侯年番臣，子孙蕃昌，大吉祥，其师命长。"2003 年兰亭镇王家坞东汉墓葬出土，伴出有铁矛、铜带钩等。

图版 43·东汉中平四年环状乳半圆方枚神兽镜 传绍兴县出土。半圆纽。草节纹圈纽座。神兽环状布局。方枚纪年铭文为"中平四年五月"。

图版 44·东汉兽纽环状乳半圆方枚神兽镜 绍兴县漓渚出土。直径 14 厘米。兽首纽。草节纹圈纽座。神兽作环状布局。方枚十二，每枚二字："吾作明镜，幽涑三商，雕刻万畺（疆），四气象元，六合言（设）长（张），其师命长。"多减笔，或省偏旁。

图版 45·东汉环状乳半圆方枚神兽镜 嵊州市文物管理处藏品。1987 年嵊州三国东吴墓出土。直径 11.3 厘米。圆纽，圆纽座。主纹内区有三神人六神兽绕纽环列。六环状乳分列其间，上置神人神兽。外区为十一个半圆方枚，方枚内有"吾作明幽涑三商镜大吉兮"。缘内区画文带，上饰羽人骑凤、仙鹤、神人及六龙驾云车等。云纹缘。

图版 46·东汉环状乳半圆方枚神兽镜 衢州市博物馆藏品。1979 年衢州市横路公

社出土。直径 13 厘米。半圆纽较扁。纽外环列四神四兽和环状乳。镜边画文带。

图版 47·东汉环状乳半圆方枚神兽镜 浙江省博物馆藏品。直径 14.2 厘米。神兽作环状布局。方枚十四，每枚一字："尚方作镜自有纪，除去不祥宜古（贾）市。"外区画文带。

图版 48·东汉环状乳半圆方枚神兽镜 浙江省博物馆藏品。直径 11.9 厘米。半圆纽。草节纹圈纽座。神兽作环状布局，有些神兽下部饰圆轮，圆轮作飞转状，这种圆轮也通常称作环状乳纹。方枚铭文："吾自作明镜，幽涑三商，雕刻无（文未完）。"

图版 49·东汉环状乳半圆方枚神兽镜 衢州博物馆藏品。1981 年龙游出土。直径 11.9 厘米。半圆纽。纽外环列四神四兽及环状乳，再外饰半圆方枚。方枚铭文："吾作明镜，幽涑三商，丙午□□。"周铭："吾作明镜，幽涑三商。规矩无涯，（缺一字）刻万疆。四气象元，六合□□。□□秉员，通佢虚空。统德序道，祇灵是兴。白牙陈氏，众神见容。□。"

图版 50·东汉环状乳半圆方枚神兽镜 绍兴市文物管理局藏品。1973 年绍兴县上游公社出土。直径 11.6 厘米。小圆纽。神兽作环状布置。有圆轮八（亦称环状乳）。方枚十二，每枚二字："吾作明镜，幽涑三商，长宜子孙。"周铭："吴郡胡阳张元，□□□□无自异于众，造为明（镜），□□□萌，四时永别，水□□王，光□和亲，富贵番昌，百炼并存，其师命长。"平缘涡纹。

图版 51·东汉环状乳半圆方枚神兽镜 绍兴市文物管理局藏品。绍兴县出土。直径 13 厘米。神兽作环状布局。有环状乳八。方枚十二，每枚二字："吾自作明竟，幽涑商三，雕刻万疆，四夷谓青□吉羊，其师命长。"外区为兽纹带。平缘涡纹。

图版 52·东汉环状乳半圆方枚神兽镜 绍兴市文物管理局藏品。绍兴县出土。直径 12.2 厘米。半圆纽。神兽作环状布局。有环状乳六，均饰于神兽下部。方枚十二，每枚一字："利父宜兄，仕至三公，其师命长。"周铭："盖惟货镜，变巧名工。攻山采锡，伐石索铜。□火炉冶，幽涑三商。和□白□，昌象月明。五帝□□，建师四方。玄象□威，白虎□□，青龙□，其师命长。"

图版 53·东汉环状乳半圆方枚神兽镜 宁波天一阁博物馆藏品。宁波出土。直径 11.6 厘米。神兽作环状布局。方枚上有铭文："吾作明镜，幽涑三商，周刻无□。"

图版 54·东汉环状乳半圆方枚神兽镜 嵊州市文物管理处藏品。嵊县出土。直径 12.5 厘米。神兽作环状布置。外区画文带。

图版 55·东汉半圆方枚神兽镜 浙江省博物馆藏品。直径 10.1 厘米。半圆纽，草节纹圈纽座。神兽作同向式布置。方枚十二，每枚一字："吾作明镜，幽涑三商，雕刻□桃。"周铭："吾作明镜，幽涑三商，雕刻□桃，配像万疆。四气像元，六合设张。举方秉员，通距虚空。统德序道，祇灵是兴。白牙陈乐，众神见容。其师□□命长。"

图版 56·东汉半圆方枚神兽镜　绍兴市文物管理局藏品。绍兴县出土。直径 9.7 厘米。半圆纽，直径 1.4、高 0.5 厘米。方枚十二，每枚一字："吾作明竟，幽涑三商，周刻无亟。"周铭："吾作明竟，幽涑三商，周刻无亟，天禽□□，众神□□，□此竟，高迁□公大夫，长命久寿，宜子孙，吉。"

图版 57·东汉半圆方枚神兽镜　宁波天一阁博物馆藏品。鄞县横溪区丽水公社模山大队出土。直径 10.5 厘米。方枚铭文："吾作明镜，幽涑三商，周刻无亟，配象万疆，白牙奏乐，众神见容，天禽并存，福禄是从，富贵□□，子孙番昌，□□□有马三千万白。"

图版 58·东汉建安二十年半圆方枚神兽镜　新昌县文物管理办公室藏品。新昌县拔茅出土。直径 13 厘米。半圆纽。神兽作环状布局。周铭："建安二十年十二月八日辛卯日作……宜富贵老寿□夫妻宜子孙好妻八九舍……得□者吉也。"

图版 59·东汉建安七年重列神兽镜　余姚市文物保护管理所藏品。余姚县环城区双河公社凉湖大队出土。直径 13.6 厘米。扁圆纽。神兽五段重列。上部中央铭文："君宜官位。"下部铭文："君宜官。"周铭："……三商。周□容象，五帝天皇。白牙单（弹）琴，黄帝除凶。朱鸟玄武，白虎青龙。□安七年四月示氏作竟。君宜高官，子孙番昌。大吉羊。""安"之上一字模糊，但据此镜的风格判断，似应为"建"字。"天皇"即"天皇上帝"。"五帝"为道教掌管五方之神，即：东方句芒子，南方祝融子，西子蓐收子，北方禺强子，中央黄裳子。"皇帝除凶"在镜铭中屡见不鲜。盖因传说中的黄帝不仅立有战功，且能为人治病、增寿。

图版 60·东汉重列神兽镜　义乌博物馆藏品。义乌出土。直径 12.1 厘米。扁圆纽。五段重列。

图版 61·三国吴黄武五年重列神兽镜　1973 年衢州市横路公社出土。直径 15.5 厘米。半球形纽略扁，直径 3.5、高 0.4 厘米。周铭："吾作明镜宜……安吉祥位至公美侯王官位禄寿当万年而愿即得长□黄武五年太岁在丙年五月辛未朔七日天下太平吴国孙王治□□太师鲍唐而作。"孙权称帝前称吴王，而在镜铭中称吴王者仅见此例。梅原末治《汉三国六朝纪年镜图说》载黄初四年五月"会稽鲍作明镜"，可能与鲍唐为同一人。

图版 62·三国吴重列神兽镜　绍兴市文物管理局藏品。绍兴县出土。直径 13.2 厘米。五段重列。周铭模糊不清。

图版 63·三国吴重列神兽镜　金华市古方出土。直径 13.3 厘米。五段重列。铭文多减笔。

图版 64·三国吴重列神兽镜　浙江省博物馆藏品。直径 13 厘米。扁圆纽。神兽作五段重列。周铭："吾作明竟□□咄叱诸史何屈屈急趣怒书当自投三公九卿从书出驾乘

田乙□跣□□□（亲）入关□□□黄□□堂□□□□□□□开车自生□戴铁钺建国治民。"

　　图版65·东汉建安四年同向式神兽镜　龙游博物馆藏品。1989年龙游寺底袁东汉砖室墓出土。直径14厘米。圆纽。主纹由三组神人神兽环纽作同向式排列。缘部有铭文一圈，可辨识为"建安四年六月辛巳朔廿五日一巳造吾作明镜□□"等21字铭文，字体潦草，减笔甚多。云纹缘。

　　图版66·东汉同向式神兽镜　绍兴市文物管理局藏品。绍兴县出土。直径13.6厘米。铭文不清。

　　图版67·东汉半圆方枚同向式神兽镜　金华地区文物管理委员会藏。直径12.4厘米。神兽作同向式布置。方枚十一，每枚一字："利父宜兄，仕至三公，其师命（文未完）。"周铭："盖惟货镜，变巧名工。攻山采锡，伐石索铜。颖火炉冶，幽涷三商，□日曜，象月明。五帝昔□，建师四方。玄（文未完）。"

　　图版68·东汉半圆方枚同向式神兽镜　绍兴县文物保护所藏品。1986年绍兴解放乡古竹村出土。直径11厘米。圆纽。主纹以四组神人神兽依同一方向绕纽一圈。外区十一半圆方枚，内有铭文："三朝王光日作半子□王兮。"镜缘内区一圈铭文不易识读。外缘云纹。

　　图版69·东汉半圆方枚环状式神兽镜　诸暨博物馆藏品。诸暨县外陈乡后畈村出土。直径14厘米。神兽作环状布局。周铭有"吾作明镜"、"幽涷三商"、"众神见容"、"天禽并存"、"子孙番□"等句。

　　图版70·三国吴半圆方枚环状式神兽镜　绍兴市文物管理局藏品。1979年绍兴县红旗公社向阳大队出土。直径12.1厘米。纽径2.9、高0.4厘米。神兽作环状式布局。周铭："□□元年五月十日造作明……"从形制和风格判断当是三国时的作品。

　　图版71·三国吴永安元年半圆方枚环状式神兽镜　武义博物馆藏品。武义县出土。直径12.3厘米。扁圆纽，直径3、高0.4厘米。二神四兽，作环状式布局。周铭："永安元年造作明镜可□□□服者老寿作者长生。"

　　图版72·三国吴永安七年半圆方枚环状式神兽镜　金华侍王府纪念馆藏品。1976年金华市古方窑厂出土。直径12.5厘米。神兽作环状乳布局。周铭："永安七年九月三日将军杨勋所作镜，百炼精铜，服者万岁，宜侯王公卿。"

　　图版73·三国吴半圆方枚环状式神兽镜　绍兴县出土。直径17.4厘米。扁圆纽。草节纹纽座。神兽作环状布置。方枚铭文："三公九卿十二大夫。"外区画文带。

　　图版74·东汉建安二十四年对置式神兽镜　衢州博物馆藏品。1980年衢州市万田公社出土。直径11.1厘米。扁圆纽，直径2.9厘米。纽外六神四兽，对置式排列，外饰半圆方枚。缘内铭文："吾作明镜宜公卿家右（有）马千头羊万……建安廿四年六月

辛巳朔廿日□子造。"

图版 75·三国蜀汉建兴年半圆方枚对置式神兽镜 绍兴市文物管理处藏品。1983年绍兴县上谢墅出土。直径 16.7 厘米。纽残。方枚铭文："建兴□年五月壬午造作□明竟服之。""建兴"应是三国会稽王孙亮的年号。主区大部残。外区画文带。外缘饰流云纹。

图版 76·三国吴赤乌半圆方枚对置式神兽镜 临海博物馆藏品。临海三国吴墓葬出土。直径 14.2 厘米。半圆纽。主纹四神四兽作对置式布局，外围八个半圆方枚。外区有铭文一圈，可辨"赤乌元年五月制造明竟，□□□□，长乐未央"。与此墓同出土有青瓷陶罐、青瓷虎子、青瓷洗等。

图版 77·三国吴赤乌对置式神兽镜 浦江博物馆藏品。浦江县大许公社出土。直径 12.1 厘米。半圆纽较扁，直径 2.5、高 0.3 厘米。四神四兽作对置式布置，周环半圆及方枚。铭文："□赤乌□年王月丙年朔□日造作此镜，服者吉□。"

图版 78·三国吴半圆方枚对置式神兽镜 兰溪博物馆藏品。1977 年兰溪游埠出土。直径 11.8 厘米。半圆纽。神兽作对置式布局。方枚八，每枚一字。周铭："青盖明镜以发阳，揽睹四方照中英，朱鸟玄武师子翔，左龙右虎（文未完）。"近似三角缘。

图版 79·三国吴方枚对置式神兽镜 衢州博物馆藏品。1980 年衢州市万田出土。直径 12.4 厘米。同时出土的有建安二十四年神兽镜及楼阁青瓷瓶。

图版 80·三国吴方枚对置式神兽镜 绍兴市文物管理处藏品。绍兴县出土。直径 13.7 厘米。扁圆纽。神兽作对置式布置。周绕方枚及花朵。平缘涡纹。

图版 81·西晋太康二年半圆方枚对置式神兽镜 金华侍王府纪念馆藏品。金华市出土。半圆纽，直径 2.6、高 0.4 厘米。周铭："太康二年三月九日，吴郡工清羊造作之镜，东王公西王母，此里人豪贵，士患（宦）高迁，三公丞相九卿"。

图版 82·西晋神兽镜 温州市博物馆藏品。1965 年温州市郊白象弥陀山西晋永宁二年墓出土。直径 14 厘米。半圆纽较扁。纹饰和铭文均模糊。

图版 83·西晋四乳四神镜 新昌县文物管理委员会办公室藏品。1978 年新昌县西晋太康元年墓出土。直径 10.4 厘米。

图版 84·西晋四乳四神镜 龙游博物馆藏品。2004 年龙游寺底袁东晋偏早时期墓葬出土。直径 10.9 厘米。圆纽。主纹以四乳丁为界分作四区，每区内均有一神人，拱手端坐。外有半圆纹。斜缘。

图版 85·东晋五乳五神镜 义乌博物馆藏品。义乌县徐村乡出土。直径 9.4 厘米。半圆纽，直径 1.6、高 0.4 厘米。该墓砖上有"太元十年"纪年铭文。

图版 86·东晋四乳四神镜 新昌县孟家塘大峇底东晋墓出土。墓砖上有铭文："太元十八年七月六日梁孜。"直径 10 厘米。

图版 87·东汉龙虎镜　绍兴市文物管理处藏品。绍兴县漓渚出土。直径 12 厘米。半圆纽。纽外龙虎相峙，其下立羊一只。周铭："吕氏作镜四夷服，多贺国家人民息，胡虏殄灭天下复，风雨时节五（文未完）。"其外锯齿纹两周、双线波浪纹一周。斜缘。此类铜镜浙江出土甚多，其时代始自东汉初迄于西晋，与画像镜、神兽镜同时盛行于会稽。

图版 88·东汉龙虎镜　绍兴市文物管理局藏品。绍兴县出土。直径 11.9 厘米。圆锥形纽。纽外龙虎对峙。周铭："尚方作镜自有纪羊吉晴保父母长宜兄弟夫孙子为吏高宜易天兮。"外区饰栉齿纹一周，锯齿纹两周，双线波浪纹一周。

图版 89·东汉龙虎镜　浙江省博物馆藏品。直径 14.5 厘米。半圆纽。纽外龙虎对峙，其下羽人侧坐。周铭："遗杜氏造珍奇镜兮，世之眇（通妙）彻，名工所刻划兮，练五斛之英华，□而无极兮，辟邪配天禄，奇守（兽）并□出兮，三鸟……吏人服之曾（增）秩禄，大吉利。"铭文"遗杜氏"，有学者读作"上虞杜氏"。

图版 90·东汉龙虎镜　浙江省博物馆藏品。直径 11.8 厘米。半圆纽。内区龙虎对峙。周铭："□□作，四夷服，多贺国家人民息，胡虏殄灭天下复，风雨时节五谷熟，长保二亲得天力兮。"外区饰锯齿纹二周、双线波浪纹一周，其内栉齿纹一周。斜缘。

图版 91·东汉龙虎镜　浙江省博物馆藏品。直径 11.9 厘米。半圆纽。内区龙虎对峙。周铭："石氏作镜四夷服，多贺国家人民息，胡虏殄灭天下复，风雨时节五谷熟，长保二亲得（文未完）。"外区饰锯齿纹两周，弦纹一周。斜缘。

图版 92·东汉龙虎镜　浙江省博物馆藏品。直径 11 厘米。半圆纽。纽外龙虎对峙。周铭："孟氏作镜世少有，仓（苍）龙在左，白虎（文未完）。"

图版 93·东汉龙虎镜　绍兴县出土。直径 13.3 厘米。半圆纽。纽外缠绕一龙二虎。周铭："吴向里柏师作镜四夷服，多贺国家人民息，胡虏殄灭天下复，风雨时节五谷熟，长保二亲得天力兮。"原镜铸坏，内外区间流有铜迹，边缘变形。梅原末治《绍兴古镜聚英》第四十九图吴王伍子胥画像镜铭文开首为"吴尚里伯氏镜四夷服"，应与本镜为同一作者。

图版 94·东汉龙虎镜　永康县出土。直径 13.4 厘米。半圆纽。内区龙虎对峙。周铭："青盖作镜四夷服，多贺国家人民息，胡虏殄灭天下服，风雨时节五谷熟，长保二亲得天力。"外区画文带。近似三角缘。

图版 95·东汉青盖龙虎镜　武义博物馆藏品。1994 年武义履坦棺山出土。直径 11.4 厘米。圆纽。主纹内区为龙虎相峙作咆哮翻腾状。外区铭文："青盖作镜自有纪，辟去不详宜古市，长保二亲孙子，为吏高官，寿命久。"

图版 96·三国吴龙虎镜　镇海区文管会藏品。镇海县出土。直径 9.4 厘米。半圆纽。内区龙虎对峙。内外区之间饰栉齿纹，外区饰锯齿纹、波浪纹各一周。近似三角

缘。

图版 97·三国吴盘龙镜　绍兴市文物管理局藏品。绍兴县出土。直径 11.1 厘米。半圆纽。内区饰盘龙，外区饰锯齿纹及弦纹。斜缘。

图版 98·三国吴三龙镜　奉化出土。直径 8.2 厘米。半圆纽。纽外饰盘龙三条，再外饰弦纹、栉齿纹、锯齿纹。近似三角缘。

图版 99·三国吴二龙一虎镜　东阳市博物馆藏品。东阳县出土。直径 8.5 厘米。半圆纽，直径 1.5、高 0.6 厘米。纽外饰二龙一虎。斜缘。

图版 100·西晋元康三年龙虎四神镜　兰溪博物馆藏品。兰溪县博物馆征集。正、背面两片分铸，然后焊接。直径 17.9 厘米。半圆形纽。纽外盘缠龙虎，首尾相接。外饰七乳，间以四神及瑞兽。外区饰锯齿纹两周，双线波浪纹一周。周铭："元康三年五月造，大毋伤，左龙右虎辟不祥，朱鸟玄武顺阴阳，长保二亲乐富昌，寿敝金石如（文未完）。"此镜将东汉的龙虎镜和禽兽带镜的纹饰结合在一起，而且采用分片铸造的方法，在古代铜镜中是少见的。此镜与梅原末治《汉三国六朝纪年镜图记》一书中收录的一枚几乎一样，书中认为是赝品。作者本人未见到实物，仅凭照片来判断，认为"元康三年五月造"几字汉隶书较笨拙，与其他书体风格有异，感觉是纹饰磨掉后再加上去的。其次镜纹整体构图有异样感。综合各种因素分析，此镜可能为宋以后仿品。

图版 101·东汉长宜子孙镜　金华地区文物管理委员会藏。直径 12 厘米。变形四叶纹纽座，内有"长宜子孙"四字，外有"君宜高官"四字。四叶之间均饰双凤。镜缘饰连弧纹和漩涡纹。

图版 102·三国吴四叶八凤镜　金华市湖镇洪畈出土。直径 12.6 厘米。扁圆纽。外饰方座，每角伸出叶纹，内有"□□宜官"四字，外有"□□三公"四字。叶间饰双凤图案，其外为连弧纹。素边。

图版 103·三国吴四叶凤凰镜　武义博物馆藏品。1979 年武义县壶山镇出土。直径 13.3 厘米。扁圆纽。外饰四叶纹，中为龙纹。叶间饰双凤。再外十六连弧纹，上饰龙、凤等禽兽纹。宽素边。

图版 104·三国吴四叶八凤镜　绍兴市文物管理局藏品。绍兴县出土。直径 13.9 厘米。扁圆纽。宽素边。

图版 105·三国吴四叶龙凤镜　绍兴县文物保护所藏品。2002 年绍兴县富盛镇下旺村三国墓葬出土。直径 14 厘米。圆纽。主纹变形四叶内有四龙纹，四叶间有双凤。十六内连弧内有回首龙、虎、凤等。边缘缠枝图案中间以兽纹。伴出的有滑石猪、青瓷钵、小碗。

图版 106·三国吴四叶瑞兽对凤镜　绍兴市文物保护所藏品。I、II 式两面镜均在 1987 年绍兴上蒋乡凤凰山西晋永嘉七年（313 年）墓中出土。伴出的有完整精美的青

瓷谷仓、青瓷罐等。

Ⅰ式：扁圆纽，主纹为桃形四叶组成，叶内饰四兽，叶间饰以四对凤。十六内连弧。

Ⅱ式：扁圆纽，因锈蚀较重，部分图纹漫漶不清，可辨主纹为桃形四叶，叶内饰四兽。四叶间饰加回首对凤。十六连弧内为涡云纹，边缘饰凤凰等。

图版 107·三国吴凤凰衔蕊镜　瑞安文物馆藏品。1970 年瑞安县曹树公社出土。直径 17.4 厘米。扁圆纽，直径 4、高 1.3 厘米。外饰四组双凤相向衔蕊，四组相背回首衔蕊。再外为十六枚内向连弧纹一圈，每枚连弧纹上饰禽兽图案。镜边饰画文带。

图版 108·隋矩纹四灵镜　衢州博物馆藏品。1980 年衢州市文物管理委员会征集。直径 14 厘米。半球形纽，四叶纹双线方格纽座。外饰青龙、白虎、朱雀、玄武，间以矩纹。周铭："玉匣聊开镜，轻灰暂拭尘。光如一片水，影照两边人。大吉。"纽座用四叶纹和双线方格，内区饰博局纹。

图版 109·隋至初唐四兽镜　绍兴县出土。直径 14 厘米。圆纽，素圈纽座。纽座外饰四兽，或捉小兽，或衔小鱼，神态各异。周铭："灵山孕珪，神使观炉。形圆晓月，光清夜珠。玉台希世，红庄应图。千娇集影，百福来扶。"

图版 110·隋至初唐盘龙丽匣瑞兽镜　绍兴市文物管理局藏品。绍兴县出土。直径 18.7 厘米。半圆纽，宝相花、连珠纹纽座。纽座外饰以六边形，将内区分成六格，每格内饰一兽。周铭："盘龙丽匣，舞凤新台。鸾惊影见，日曜花开。团疑壁转，月似轮回。端形鉴远，胆照光来。"

图版 111·隋至初唐瑞兽镜　金华市出土。直径 12.2 厘米。半圆纽，连珠纹纽座。内区饰四瑞兽，锯齿纹两周。外区铭文："光流素月，质禀玄精。澄空鉴水，照廻疑清。终古永固，莹此心灵。"

图版 112·唐八卦十二生肖镜　浦江县出土。直径 15.6 厘米。

图版 113·唐八卦四灵镜　瑞安文物馆藏品。1972 年瑞安县出土。方形委角，高、宽 20 厘米。圆纽，直径 2.5、高 1.1 厘米。饰四灵八卦。铭文："绝上药铜"，"五月五日百练铜。"表面乌黑光亮，可鉴眉目。

图版 114·唐瑞兽葡萄镜　衢州博物馆藏品。1979 年衢州市上圩头出土。方形，边长 9.3 厘米。

图版 115·唐瑞兽葡萄镜　鄞州区文物管理委员会藏品。鄞县出土。直径 10 厘米。兽纽。纹饰布局分为内外区和镜边三部分，为圈带形式。内外区之间用连珠纹拦隔，外区与镜边之间用单突线拦隔。高低起伏，层次分明。

图版 116·唐瑞兽葡萄镜　浙江省博物馆收藏。直径 12.9 厘米。

图版 117·唐月宫镜　江山市博物馆藏品。1979 年江山县源口乡出土。直径 13.9

厘米。中部为桂树，右为嫦娥，左为玉兔捣药，下为蟾蜍。

图版118·唐鹦鹉镜 绍兴市文物管理局藏品。直径27.8厘米。

图版119·唐嘉禾瑞兽镜 绍兴市文物管理局藏品。绍兴出土。直径24.2厘米。小环纽。上部嘉禾，下部花卉，两侧为瑞兽。嘉禾，古人视为瑞祥。《论衡·讲瑞》："嘉禾生于禾中，与禾中异穗，谓之嘉禾。"《汉书·公孙弘传》："甘露降，风雨时，嘉禾兴。"可见此说由来已久。

图版120·唐仙人骑马骑鹤镜 宁波天一阁博物馆藏品。宁波市出土。葵花边。最大直径12厘米。

图版121·唐四马花卉镜 上虞博物馆藏品。1972年上虞县岭南下许出土。直径20.4厘米。四马奔驰。局部采用透雕技法，极为生动。

图版122·唐飞禽花卉镜 宁波天一阁博物馆藏品。宁波市出土。纽残。内区饰飞禽，刻画生动，间以花草。葵花边，每瓣饰如意云纹。对角直径16.2厘米。

图版123·唐双鸾衔绶镜 义乌博物馆藏品。义乌县出土。直径15.1厘米。半圆纽。纽外饰双鸾对立，嘴衔绶带。上方饰云山、花枝。镜边饰蜜蜂和如意云纹。菱花边。

图版124·唐双鸾双龙镜 浙江省博物馆藏品。菱角对角径15.6厘米。圆纽。纽外饰双龙双鸾，菱花边上饰蜂蝶、花卉及如意云纹。

图版125·唐双鸾瑞兽镜 诸暨市博物馆藏品。1975年诸暨县姚江龙山村出土。菱花边，对角直径20厘米。

图版126·唐鸳鸯双龙镜 金华地区文物管理委员会藏品。直径14.2厘米。半圆纽。内区两侧饰鸳鸯，立于花朵之上；上下为云龙，形象生动。外区饰蜜蜂、流云。葵花边。

图版127·唐双凤瑞兽镜 上虞博物馆藏品。1979年上虞县小越砖瓦厂出土。直径22厘米。

图版128·唐缠枝宝相花镜 嵊州文物管理处藏品。嵊县出土。直径25厘米。

图版129·唐宝相花镜 原浙江省文物管理委员会藏。直径21.4厘米。

图版130·唐宝相花镜 金华地区文物管理委员会收藏。直径15.8厘米。

图版131·唐花卉镜 浙江省博物馆藏。直径18.8厘米。半圆纽。内外区均饰花卉，以连珠纹圈间隔。

图版132·唐花卉镜 江山市博物馆藏品。江山县出土。直径10.3厘米。半圆纽。外饰花朵五簇。镜边饰蜜蜂、花枝。菱花边。

图版133·唐花卉镜 宁波市出土。直径24厘米。小圆纽，宝相花纽座。其外饰花卉。

图版134·唐并蒂花卉镜 衢州市博物馆藏品。直径18厘米。以小圆纽为中心，环绕并蒂花卉四枝，取并蒂连心之意。

图版135·唐鸳鸯双鸾镜 黄岩博物馆藏品。1987年黄岩灵石寺塔出土。直径12.2厘米，龟纽。主纹为双鸾隔纽相对，上有一对鸳鸯衔绶，下有山纹及花枝纹。八出菱花边，内缀有云朵、飞鸟等。

图版136·唐双鸾镜 黄岩博物馆藏品。1987年黄岩灵石寺塔出土。直径12.2厘米，小圆纽。主纹为隔纽相对的双鸾，上有两朵云，下有缠枝叶。八出葵花边。

图版137·北宋圆素镜 1962年发现于东阳县北宋南寺塔中。直径29.3厘米。镜背铭文："婺州东场县太平乡郭内宣政保弟子金景晖为亡妻李氏九娘舍入中兴寺宝塔内永充供养，辛酉建隆二年九月廿五日记。"镜面涂银，明亮鉴影。

图版138·北宋双龙镜 1979年武义县柳城犁耙厂出土。直径17.8厘米。小半圆纽，纽外双龙盘绕，首尾相接。葵花边。

图版139·北宋缠枝牡丹镜 金华地区文物管理委员会收藏。直径22.8厘米。鼻状纽。镜背饰牡丹四组。

图版140·北宋双凤花卉镜 金华市出土。直径22.8厘米。小环纽。内区双凤飞翔，外区花卉缠绕。镜边菱花形。

图版141·北宋元祐镜 新昌县文物管理委员会办公室藏品。新昌县出土。直径7.8厘米。周饰八卦。直铭六行："宋元祐癸酉孟秋既望鲍公浩依禅月画像以七宝装严敬造大阿罗汉一十八身。"禅月大师即五代僧贯休法号，以画十六罗汉著称。

图版142·北宋飞剑斩龙镜 江山市博物馆藏品。1978年江山县城关镇老虎山出土。直径13厘米。中部刻"衢州郑家"牌记。右侧一武士，飞剑斩龙。

图版143·北宋道仙龟鹤镜 衢州市博物馆藏品。1974年衢州市龙游公社出土。直径19.4厘米。银锭纽。镜缘作七瓣菱花。右侧坐像一尊，头带宝冠，背饰圆光。左侧树下一妇女，双手捧物。上部仙鹤飞翔，下部灵龟蹒跚。

图版144·北宋海兽望月镜 浙江省博物馆藏品。直径12.6厘米。海中一兽，上有明月和星象。

图版145·北宋比目鱼镜 浙江博物馆藏品。杭州西湖出土。直径11.5厘米。柄残。

图版146·北宋杭州钟家镜 新昌县文物管理委员会办公室藏品。新昌出土。直径18.3厘米。长方框内有"杭州钟家清铜照子今在越州清道桥下岸向西开张"牌记。据《宋史·地理志》载："临安府大都督府，本杭州余杭郡，淳化五年改宁海军节度，大观元年为帅府，旧领两浙西路兵马钤辖，建炎元年带本路安抚使，领杭、湖、严、秀四州，三年升为府。""绍兴府。本越州大都督、会稽郡、镇海军节度使，大观元年升为

帅府，旧领两浙东路兵马钤辖，绍兴元年升为府"。此镜牌记地名均为临安、绍兴升府之前旧名，故时代约当为北宋与南宋之交。

图版 147·北宋杭州高家镜　绍兴市文物管理局藏品。绍兴县出土。方形，高宽10.3 厘米。小环纽。长方框内铸"杭州真正高家青铜照子"牌记。

图版 148·南宋湖州石家镜　诸暨博物馆藏品。诸暨县出土。直径 17 厘米。纽残。长方框牌记刻："胡（湖）州仪凤桥相对阻石家"牌记。

图版 149·南宋湖州石家镜　诸暨博物馆藏品。诸暨县宋墓出土。据墓志云，墓主人董子宁，开封府祥符县人，庆元六年十二月死。铜镜葵花边，最大直径 15 厘米。长方框内有"湖州石十□□炼铜无比照子"牌记。此外，董子宁妻妙净墓中也出土有南宋湖州石家小镜，直径 8 厘米，质地极薄，长方框内"湖州石家青铜照子"牌记，亦有墓志同时出土。妙净系浙江诸暨县人，晚年喜佛书，开禧二年死，嘉定元年葬于陶朱乡净土山。

图版 150·南宋湖州石家镜　诸暨市博物馆藏品。诸暨县陶朱山武氏墓出土。直径20 厘米。长方框内有"湖州真石家炼铜照子（押）"牌记。据墓志云，武氏系右武大夫福建路兵马钤辖武师说之女，淳熙八年六月死，同年七月归葬。该镜装于漆盒内。漆盒平面形制为葵花状，与铜镜相同，有盖，边高 1.8 厘米，纹饰极精。

图版 151·南宋湖州石家二叔镜　新昌文管会藏品。新昌县拔茅出土。直径 12.4厘米。长方框内有"湖州真石家二叔店照子"牌记。

图版 152·南宋湖州石家二叔店镜　1965 年湖州市妙西出土。方形，边长 11.7、厚 0.6 厘米。环形小纽，高 0.4 厘米。长方框内有"湖州真石家二叔店照子"牌记。

图版 153·南宋湖州石二郎镜　上虞博物馆藏品。上虞县出土。高 10 厘米，长方框内有"湖州石二郎家真炼铜照子铺"牌记。

图版 154·南宋湖州石三郎镜　诸暨博物馆藏品。诸暨县高湖大明大队寿家山出土。镜子呈亚字形，高、宽均为 15.3 厘米。长方框内有"湖州仪凤桥南石三郎青铜镜门前银牌为号"牌记。

图版 155·南宋湖州石三镜　浙江省博物馆藏品。葵花边。最大直径 17.8 厘米。长方框内有"湖州仪凤桥南酒楼相对石三真青铜照子（押）"牌记。

图版 156·南宋湖州石十郎镜　上虞博物馆藏品。1973 年上虞县上浦乡梅坞村出土。直径 19 厘米。长方框内有"湖州石十郎真炼铜无比照子"牌记。

图版 157·南宋湖州石十三郎带柄镜　衢州市博物馆藏品。1980 年衢州市王家公社出土。直径 14、柄长 11 厘米。长方框内有"湖州石十三郎真炼铜照子"牌记。

图版 158·南宋湖州石十五郎镜　余姚文物保护所藏品。1980 年余姚县临山区兰塘公社李家村出土。直径 11.8 厘米。小纽。长方框内有"湖州石十五郎炼铜照子"牌

记。葵花边。

图版159·南宋湖州石十六郎镜 绍兴市文物局藏品。绍兴县出土。直径15厘米。长方框内有"湖州石十六郎真炼青铜照子"牌记。

图版160·南宋湖州石十八郎镜 金华出土。葵花边，最大直径16.5厘米。长方框内有"湖州石念二叔男十八郎照子"牌记。

图版161·北宋湖州石家念二叔镜 衢州博物馆藏品。1973年衢州市清水公社建中靖国元年判官蔡汉模墓中出土。直径11.5厘米。小圆纽。葵花边。框内有"湖州真石家念二叔照子"牌记。

图版162·南宋湖州石家念二叔镜 长兴县夹甫公社出土。高、宽均为12.4厘米。长方框内有"湖州南庙前街西石家念二叔真青铜照子记"牌记。湖州念二叔铜镜甚多，但铸明镜铺地点的稀见。

图版163·南宋湖州镜 衢州博物馆藏品。1974年衢州市龙游公社出土。直径19.5厘米。小环纽。六瓣葵花边。镜纽右侧铭文不清，左侧铭文："每两壹佰文。"此镜重20两（16两制）。

图版164·南宋湖州徐家双鱼镜 嘉兴市博物馆藏品。嘉兴县出土。镜边作菱花状，对角直径18.5厘米。上方有"湖州徐家"牌记。

图版165·南宋湖州石道人镜 临海博物馆藏品。1984年临海县两头门黄泥坦宋墓出土。葵花形。最大直径15.7厘米。桥形小纽。左边铭文："湖州石道人法炼铁镜。"右边铭文："每两一百足。"

图版166·南宋湖州铸鉴局镜 浙江省博物馆藏品。直径14.9厘米。镜背铭文右侧为"湖州铸鉴局"，左侧为"炼铜"。

图版167·南宋临安府小作院镜 天台县文物管理委员会藏品。直径16.3厘米。小环纽。镜纽左侧铭文："临安府小作院监造官王宝（押）。"左侧铭文："□两。"

图版168·南宋婺州官铸镜 金华地区文物管理委员会藏品。方形委角。高、宽均为16厘米。长方框内铸有"婺州官□监（押）"。可见婺州（今浙江金华市）也设有官府铸镜机构。

图版169·南宋婺州季家镜 武义博物馆藏品。武义县出土。直径17厘米。纽残。长方框内有"婺州承父季□二郎炼铜照□"牌记。菱花边。

图版170·南宋炉形镜 衢州博物馆藏品。1974年衢州市王家公社咸淳十年史绳祖墓出土。状如香炉，高13厘米。圆纽中部开槽，槽的两侧正中备有安装支脚的圆孔。

图版171·南宋带环钟形镜 上虞博物馆藏品。上虞县出土。高14、下部宽10、环径7.6厘米。直铭两行："鉴斯镜，妆尔容。"

图版172·元汉梵准提咒文佛字镜 宁波天一阁博物馆藏品。宁波市出土。镜面直

径9.4厘米。方框中间铸"佛"字,其外为汉、梵咒文各一周。柄已残,上有"澹然子造"四字。

图版173·明洪武云龙镜 金华地区文物管理委员会藏。直径12厘米。镜背饰五爪龙纹,衬以云纹及水波纹,有直铭:"洪武二十二年正月造。"

图版174·明送子镜 宁波市出土。直径13.3厘米。银锭纽。饰人物三,作送子状,下方为宝瓶。

图版175·明银锭镜 武义博物馆藏品。武义县出土。直径8.6厘米。银锭纽。高卷边。镜背满布朵花、荷叶及银锭双角等杂宝。

图版176·明绍兴孙爱山镜 上虞博物馆藏品。上虞出土。直径14厘米。长方框内有"绍兴横街中孙爱山包换青镜"牌记。

图版177·明祁家造龙虎镜 嘉兴县出土。直径8.8厘米。半圆纽。纽外龙虎对峙,虎头部位被铭文掩盖。铭文两行:"上新桥祁家造。"此镜系明代翻制六朝龙虎镜。

图版178·清薛晋侯镜 绍兴市文物管理局藏品。绍兴县出土。边长8.2厘米。铭文:"既虚其中,亦方其外,一尘不染,万物皆备。湖城薛晋侯造。"

图版179·清薛惠公双龙镜 1972年湖州市妙山出土。直径11.1厘米。无纽。中间圆圈上有"湖州薛惠公"五字。其外饰双龙,龙须上翘,龙尾呈蒲扇状,有清代龙纹之特点。

图版180·清薛苕溪惠公造镜 金华市出土。边长9厘米。铭文:"如日之精,如月之明,水天一色,犀照群伦。苕溪薛惠公造。"

图版181·清苕溪薛惠公造镜 1982年湖州出土。边长10厘米。镜铭:"方正而明,万里无尘,水天一色,犀照群伦。"圆章内有"苕溪"二字,方章内为"薛惠公造"四字。

后　记

　　浙江是我国古代铜镜的主要产地之一，30 年来，出土了大批铜镜。本书是在 1958 年出版的《浙江出土铜镜选集》的基础上重新编写的。所收铜镜是从浙江各地几千枚铜镜中选出来的精品。凡有纪年铭文或纪年墓出土的尽量收录，其他则选择纹饰精致或具有典型性者。在编写过程中，得到了浙江省博物馆和各地文物部门许多同志的大力支持和协助，如李小宁同志始终参加编写工作，崔成实和沈竹霖等同志分别为地区出土的铜镜编写了说明，强超美同志为选集拍摄了部分照片，张书恒同志为选集作了资料的核校工作，严军、林士民、贡昌、郑文斌、潘表惠等同志提供了部分资料或工作方便，在此表示感谢。为选集出力的同志尚多，恕不一一列名。由于篇幅所限，各县提供的照片未能全部采用，忍痛割爱，十分抱歉。笔者水平有限，错误难免，敬希读者指正。

封面设计：程星涛

责任编辑：杨冠华

责任印制：陆　联

图书在版编目（CIP）数据

浙江出土铜镜/王士伦，王牧编著. —修订本. —北

京：文物出版社，2006. 10

ISBN 7 – 5010 – 1931 – 2

Ⅰ. 浙…　　Ⅱ.①王…　　Ⅲ. 古镜：铜器（考古）

—中国—图集　Ⅳ. K875. 22

中国版本图书馆 CIP 数据核字（2006）第 047094 号

浙江出土铜镜

（修订本）

王士伦　编著　王牧　修订

文　物　出　版　社　出　版　发　行

（北京东直门内北小街 2 号楼）

http://www. wenwu. com

E-mail：web@ wenwu. com

北京颐和信德文化传播有限公司制版

北京冶金大冶印刷有限公司印刷

新　华　书　店　经　销

787 × 1092　1/16　印张：15.75

2006 年 10 月第一版　2006 年 10 月第一次印刷

ISBN 7 – 5010 – 1931 – 2/K・1020　定价：98.00 元